FOR ORGANS, PIANOS & ELECTRONIC KEYBOARDS

E-Z PLAY TODAY

393

ITALIAN FAVORITES

T0045646

2	TRANSLATIONS
4	Brindisi from *La Traviata*
8	Carnival of Venice
10	Ciribiribin
14	Come Back to Sorrento
17	Core 'ngrato
20	Funiculi, funicula
25	La canzone di Doretta from *La rondine*
28	La donna è mobile from *Rigoletto*
30	La sorella
32	La Spagnola
37	La vera Sorrentina
40	M'appari tutt' amor from *Martha*
46	Mandolinata
45	Margarita
50	Mattinata
54	O mio babbino caro from *Gianni Schicchi*
60	'O sole mio
62	Oh Marie
57	Quando men vo (Musetta's Waltz) from *La bohème*
66	Santa Lucia
72	Serenata
76	Tarantella
69	Tesoro mio
80	Una furtiva lagrima from *L'elisir d'amore*
85	Vieni sul mar
88	**REGISTRATION GUIDE**

Most songs are in Italian; some are in the Neapolitan language.

ISBN 978-0-634-01593-9

HAL•LEONARD®
CORPORATION

7777 W. BLUEMOUND RD. P.O. BOX 13819 MILWAUKEE, WI 53213

Visit Hal Leonard Online at
www.halleonard.com

TRANSLATIONS

Brindisi
Toast

Let's drink—let's drink from the happy goblets
which beauty adorns;
and let the fleeting hour be intoxicated with pleasure.
Let's drink among the sweet trembling that love arouses,
as that eye [Violetta's glance] goes, all-powerfully, to our hearts.
Let's drink; love—love,
among the goblets, will have warmer kisses.

Ah, let the day discover us, ah yes!

Core 'ngrato
Ungrateful Heart

Catarì, Catarì, why do you speak only bitter words to me?
Why do you speak to me and always torment me, Catarì?
Do not forget that one day I gave you my heart;
Catarì, do not forget.

Catarì, Catarì, why do you wish to pretend?
Do not make me suffer and waste away any longer.
You never ever think of my sorrow;
you don't care!

Ungrateful heart, you have taken my life;
all is past, and you think of me no more.

La canzone di Doretta
Doretta's Song

Who could guess Doretta's beautiful dream?
How did its mystery end?
Alas, one day a student
kissed her lips,
and that kiss was revelation:
It was passion!
Frenzied love! Frenzied rapture!
Who could ever describe the subtle caress of a kiss so ardent?
Ah, my dream! Ah, my life!
Of what importance is wealth
if, at last, happiness has blossomed again!
Oh golden dream, to be able to love like that!

La donna è mobile
Woman Is Fickle

Woman is fickle
like a feather in the wind;
she vacillates in word
and in thought.
A lovable,
    pretty face,
    in tears or in laughter,
    is always lying.

He who relies upon her,
    who rashly entrusts
    his heart to her,
    is always miserable!
And yet he who does not
    drink love upon that breast
    never feels
    completely happy!

La Spagnola
The Spanish Maiden

From Spain is the beautiful woman,
queen of love.
All the stars speak to me,
stars of lively splendor.

Ah! Closer, closer into the ecstasy of love.
The Spanish maiden knows how to love like this,
mouth to mouth night and day.

I love with complete ardor
sincerely who is with me.
The strength of my past years I may well soon see.

The stab of that first dart moved with delight.
The lips are swollen, to touch is paradise.

La vera Sorrentina
The Beautiful Girl from Sorrento
(in Neapolitan)

I saw her at the Piedigrotta festival.
She was well dressed
to look at the milling crowd,
accompanied by her mother.
A braided blouse,
an embroidered neckerchief,
a crimson skirt,
and two enchanting eyes.
And the beautiful girl from Sorrento
is what I heard her called.

Since then I have no peace,
I sigh constantly.
My net doesn't please me,
I don't enjoy catching fish anymore.
With my poor little boat
I rush to Sorrento.
Every evening, every morning
I go to shed tears,
but that ungrateful girl
never has pity on me.

If she doesn't cure this pain—
she is as beautiful as she is hard-hearted—
I'll change my road, I'll give my attentions
to some other young girl.
But what do I see? What misfortune!
Lightning, and the sky darkens.
I can't see the dock.
My little boat is about to go down.
Because of you, ungrateful girl,
I am going to drown!

Mandolinata
The Mandolin Song

Come on, let's go!
The night is beautiful; the moon is rising.
Here and there, throughout the city,
let's go enjoy ourselves.
As long as the night lasts, we can have a good time.
We can stroll, walk around,
return, sing, play, rejoice.
Now let's go, intending to wake up the beautiful ladies;
I would appease parents; the beautiful one will hear the
jealous ones flee, ah!
She will appear, she'll see us pass by, ah!
Her heart will beat, ah!
Her heart will beat, yes, will beat
as long as our singing is heard!
To go, play music, rejoice…

M'apparì tutt' amor
She Appeared to Me All Love

She appeared to me all love,
my gaze found her.
So beautiful that my heart
longingly to her flew.
Wounded me, charmed me,
that angelic beauty.
Carved in my heart of love,
erased she cannot be.
The thought of being able
to tremble with her of love
can allay the torture
that wearies me and racks my heart.
Martha, Martha, you vanished
and my heart went with you.
You stole peace from me,
I will die of pain.

Margarita
(in Neapolitan)

Margarita, Salvatore has lost his senses because of love.
Margarita, man the hunter is often also a simpleton!
Margarita, it's not your fault!
What is done is done, let's not speak of it anymore.

Mattinata
Morning Serenade

Dawn, dressed in white,
already opens the door to broad daylight;
already, with her rosy fingers,
she caresses the multitude of flowers!
All around, creation seems stirred
by a mysterious throbbing;
and you do not awaken; and in vain
I stay here, aching, to sing.

Put on your white dress too,
and open the door to your minstrel!
Where you are not, sunlight is missing;
where you are, love dawns.

O mio babbino caro
Oh My Dearest Daddy

Oh my dearest daddy,
he pleases me; he is beautiful.
I want to go to the Porta Rossa
to purchase the ring.
Yes, we want to go there.
And if I love in vain,
I'd go to the Ponte Vecchio,
to fling myself into the Arno!
I'm tortured and tormented!
Oh God, I want to die!
Daddy, pity me!

Quando men vo
When I Go Out

When I go out alone in the street
people stop and stare…
and they all study in me my beauty
from head to foot.
And then I savor the subtle longing
that comes from their eyes;
they know how to appreciate, beneath obvious charms,
    all the hidden beauty.
Thus the flow of desire
completely surrounds me;
it makes me happy!
And you who know, who remember
and are melting with passion—
you avoid me so?
I know well: your sufferings—
you don't want to tell them;
I know well,
but you feel like you're dying!

Serenata
Serenade

Like a golden dream is still engraved in my heart
the memory of that love which exists no more!
Its fantasy was like a sweet smile
which made happier, with its radiance,
our youth.
But the sweetness of that happiness for me was brief;
that beautiful golden dream vanished,
leaving me in sorrow!
Gloomy is the future, ever sadder the days.
The time of youth gone by will be mourned.
I am alone, with such bitter regret and sorrow in my heart!
Oh, a ray of sun,
upon my path, alas, shines no more!
Nevermore, nevermore!

Una furtiva lagrima
A Furtive Tear

A furtive tear
fell from her eyes.
She seemed to envy those merry girls.
What more am I looking for?
She loves me. Yes, she loves me.
I see it.
To feel the throbbings of her beautiful heart for a single instant!
To mingle my sighs
for a short time with her sighs!
To feel the throbbings,
to mingle her sighs with mine!
Heaven, I could die;
I ask for nothing more.
Ah!

Vieni sul mar
Come to the Sea

Ah, get up, maiden—
the moon is shedding such a clear ray upon the sea.
Come with me;
your sailor's shadowed, trusty boat awaits you.
But you are sleeping,
and are not thinking about your faithful one;
but he who lives for love doesn't sleep!
By night I fly to the shore to you,
and by day I fly to you with my heart!

Come to the sea, come row;
you will feel the rapture of your sailor!

Brindisi
from *LA TRAVIATA*

Registration 4
Rhythm: Waltz

Words and Music by
Giuseppe Verdi

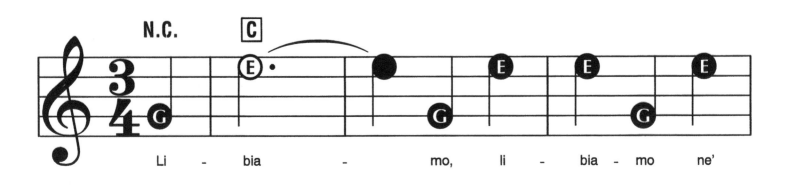

Li - bia - mo, li - bia - mo ne'

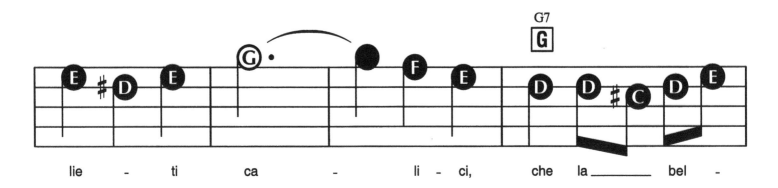

lie - ti ca - li - ci, che la _____ bel -

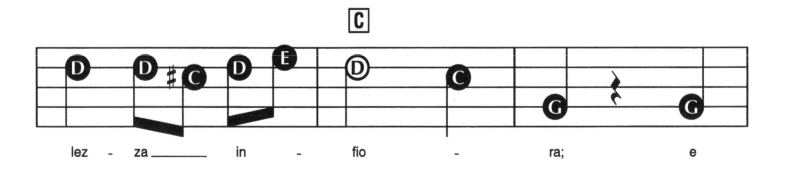

lez - za _____ in - fio - ra; e

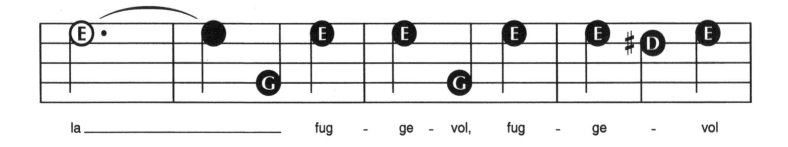

la _____ fug - ge - vol, fug - ge - vol

5

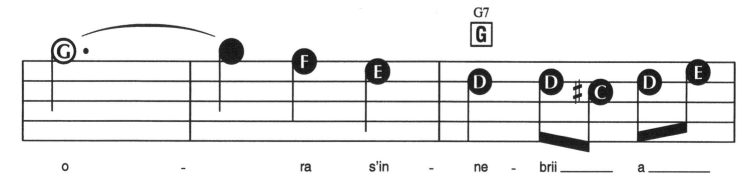

o - ra s'in - ne - brii _____ a _____

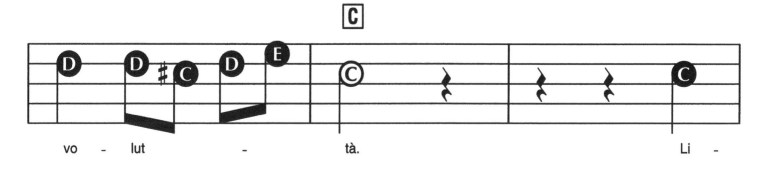

vo - lut - tà. Li -

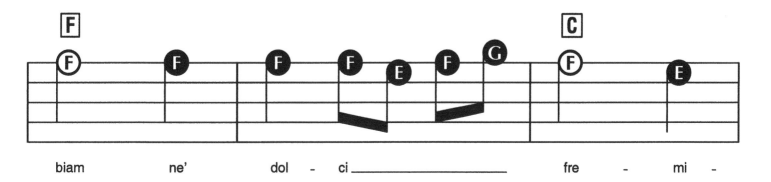

biam ne' dol - ci _____ fre - mi -

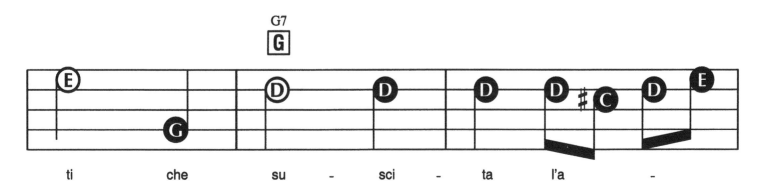

ti che su - sci - ta l'a -

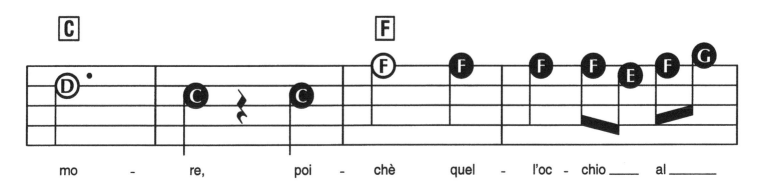

mo - re, poi - chè quel - l'oc - chio ____ al _____

6

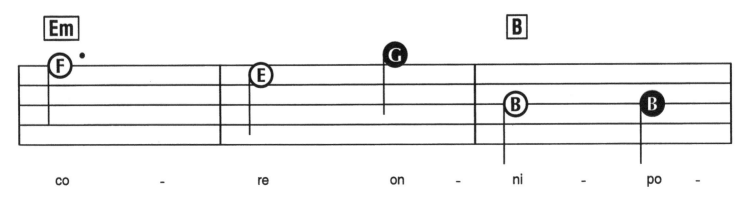

co - re on - ni - po -

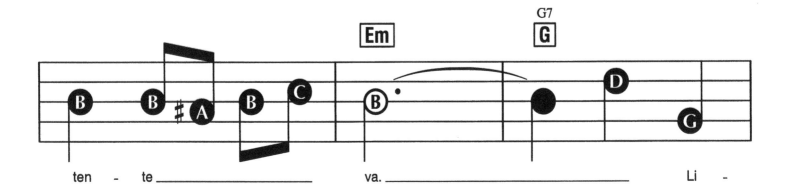

ten - te _____ va. _____ Li -

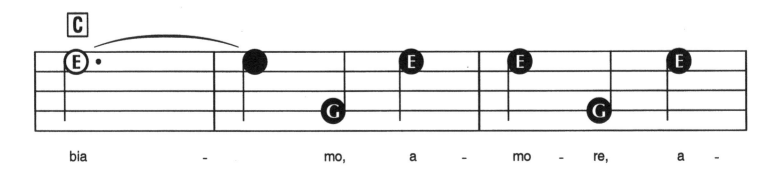

bia - mo, a - mo - re, a -

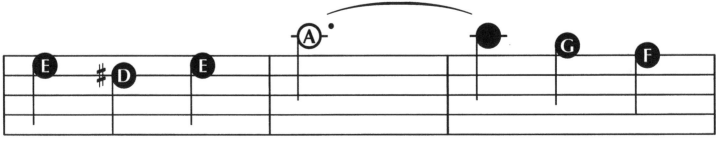

mor _____ frai ca - li - ci

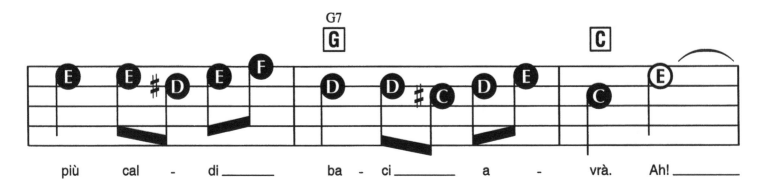

più cal - di _____ ba - ci _____ a - vrà. Ah! _____

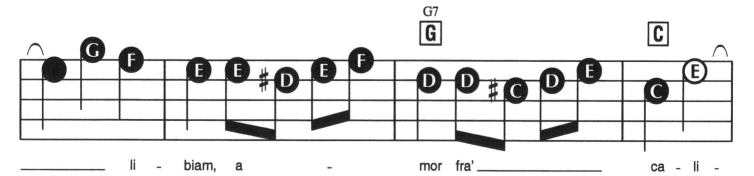

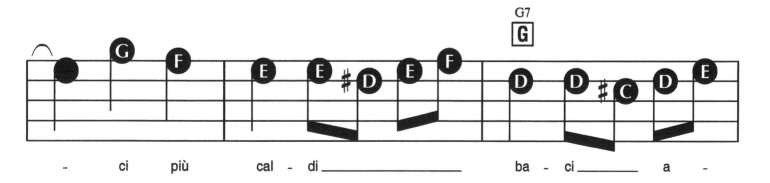

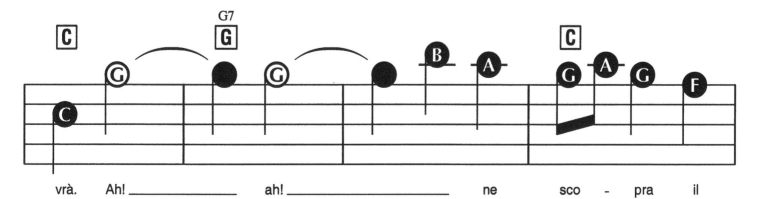

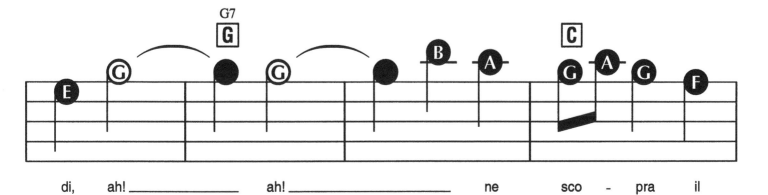

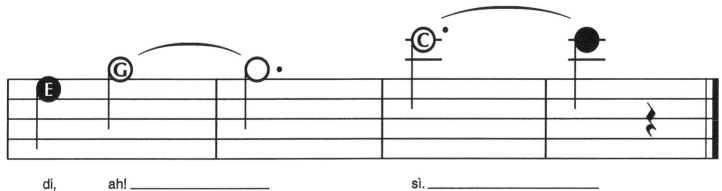

7

Carnival of Venice

Registration 2
Rhythm: Waltz

By Julius Benedict

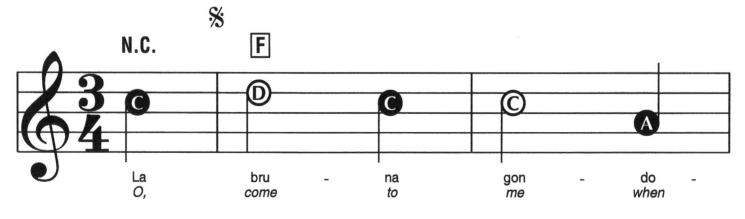

La bru - na gon - do -
O, come to me when

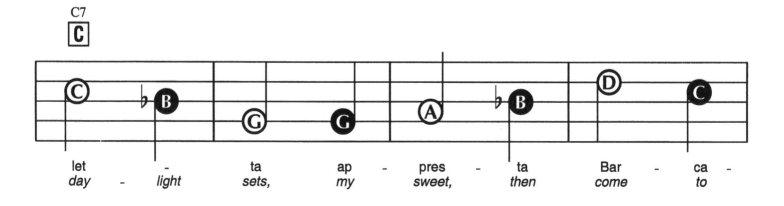

let - ta ap - pres - ta Bar - ca -
day - light sets, my sweet, then come to

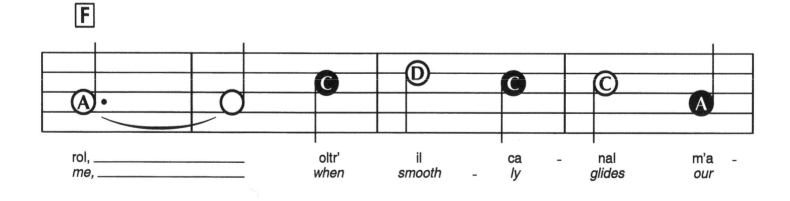

rol, _____ oltr' il ca - nal m'a -
me, _____ when smooth - ly glides our

To Coda ⊕

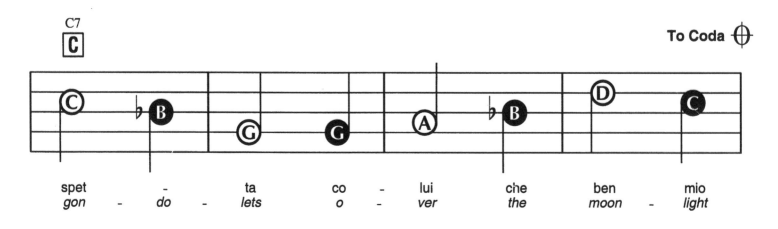

spet - ta co - lui che ben mio
gon - do - lets o - ver the moon - light

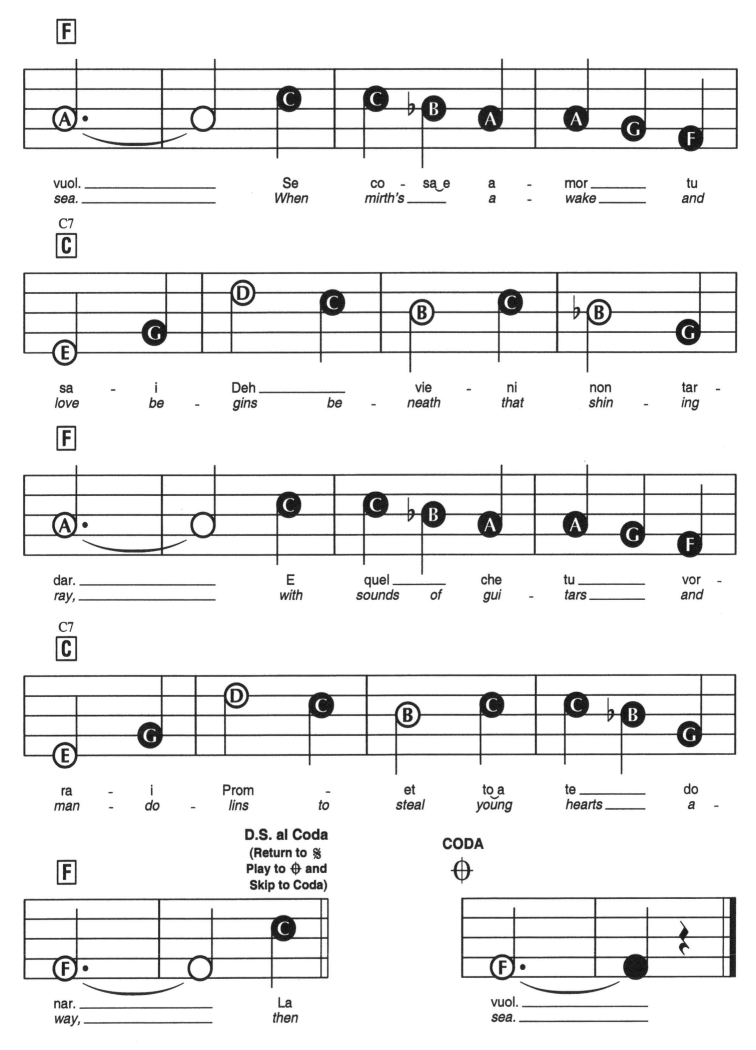

Ciribiribin

Registration 4
Rhythm: Waltz

Words and Music by
Antonio Pestalozza

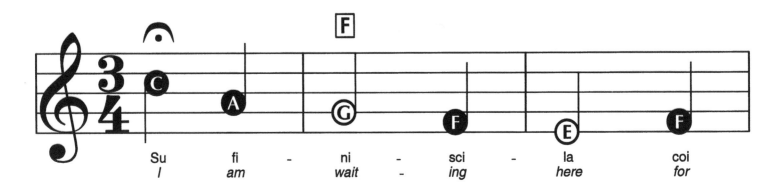

Su — fi — ni — sci — la coi
I am wait — ing here for

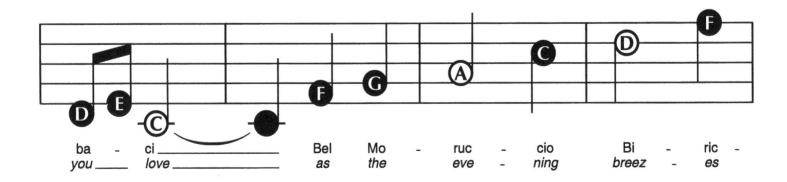

ba — ci _____ Bel Mo — ruc — cio Bi — ric —
you _____ love _____ as the eve — ning breez — es

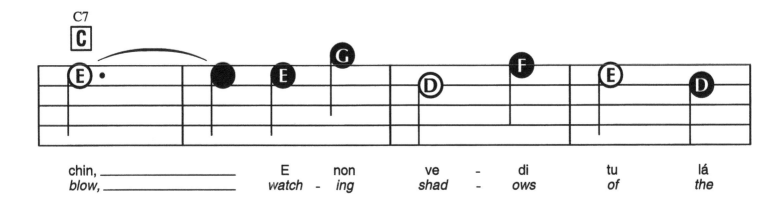

chin, _____ E non ve — di tu lá
blow, _____ watch — ing shad — ows of the

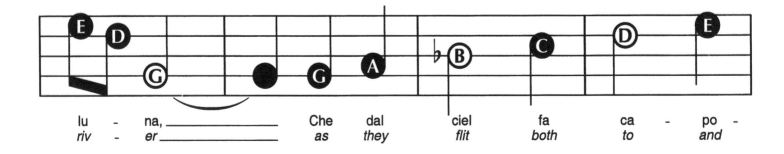

lu — na, _____ Che dal ciel fa ca — po —
riv — er _____ as they flit both to and

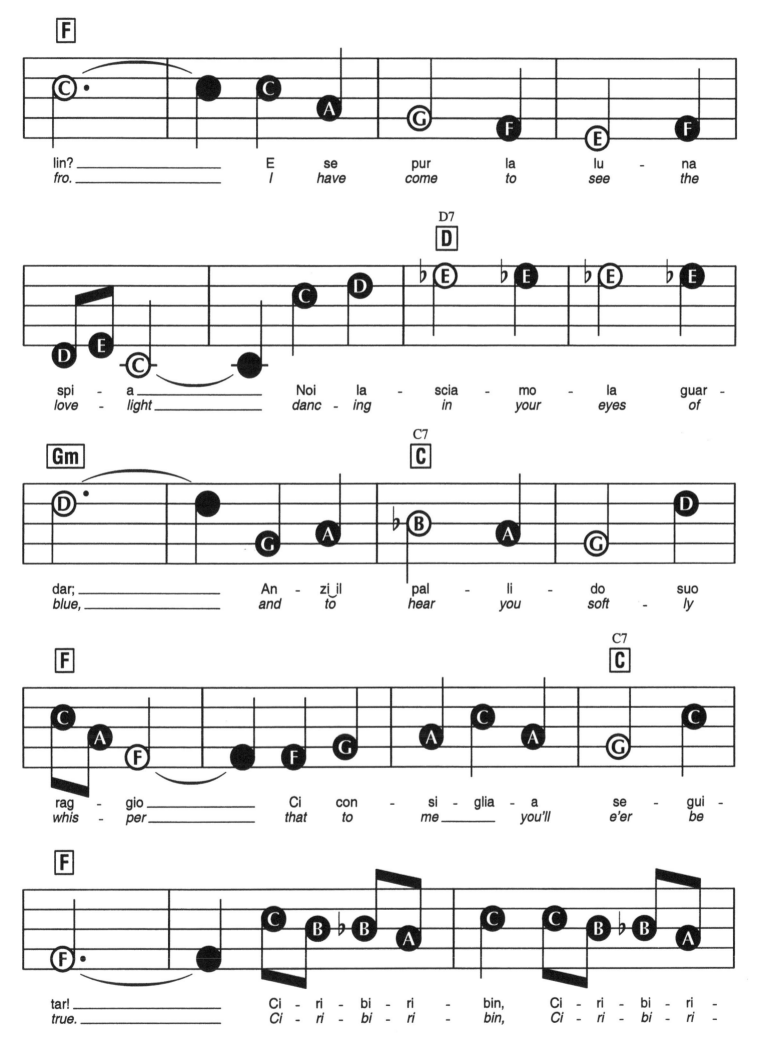

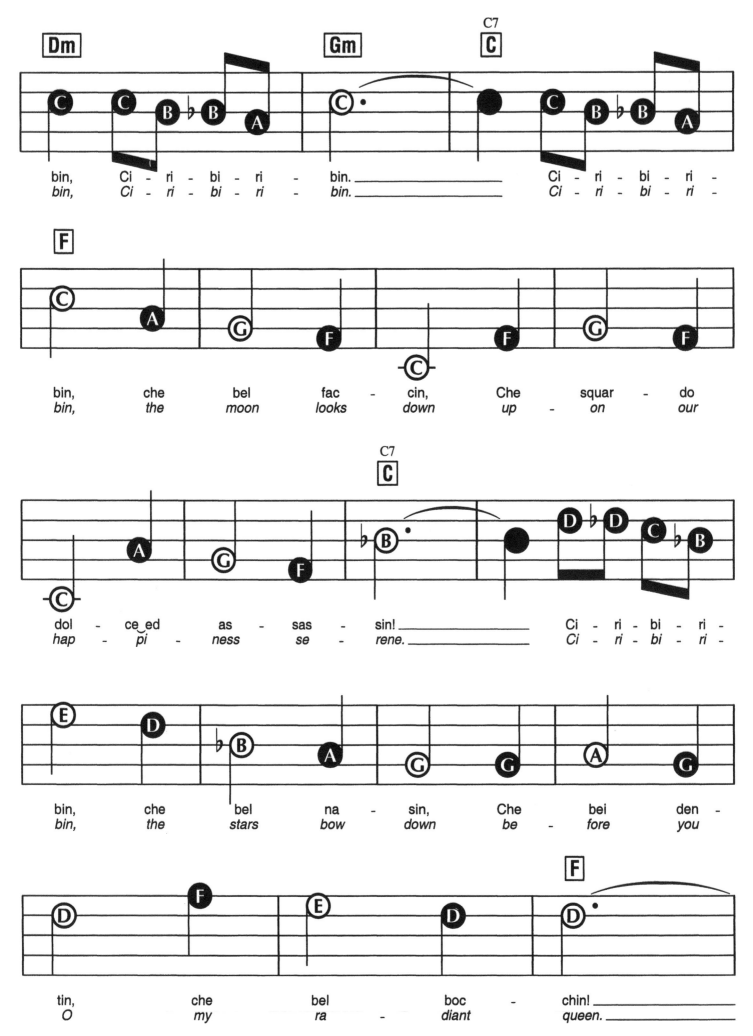

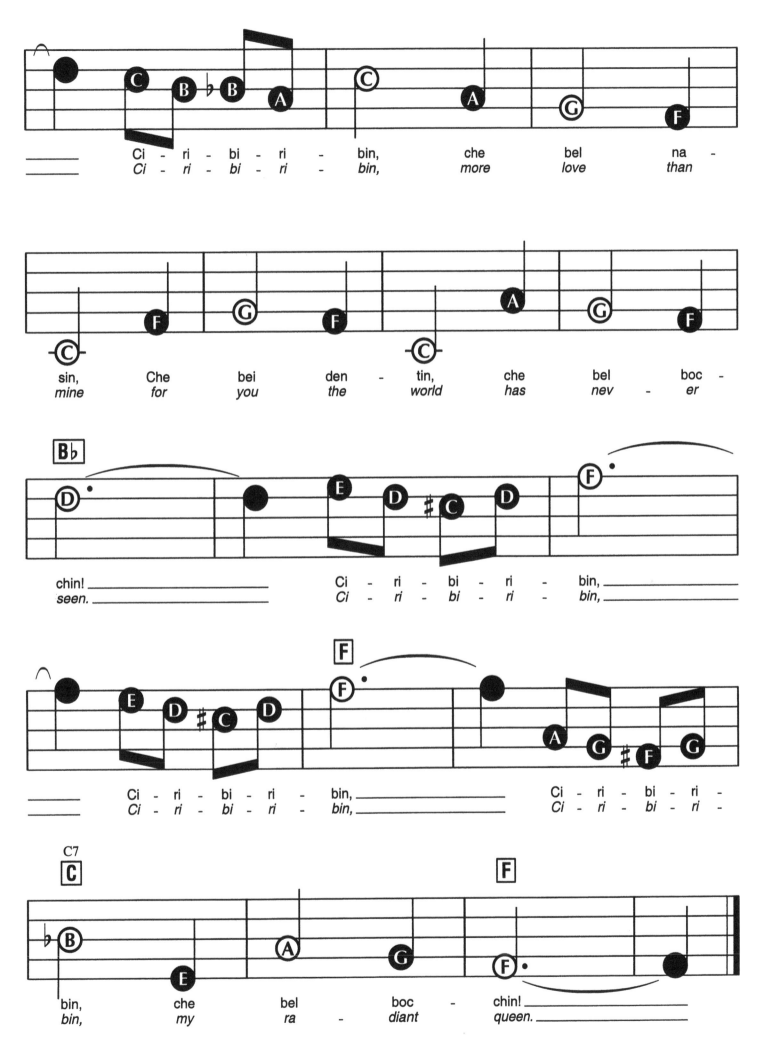

Come Back to Sorrento

Registration 3
Rhythm: Waltz

By Ernesto de Curtis

Core 'ngrato

Registration 4

Words and Music by
Salvatore Cardillo

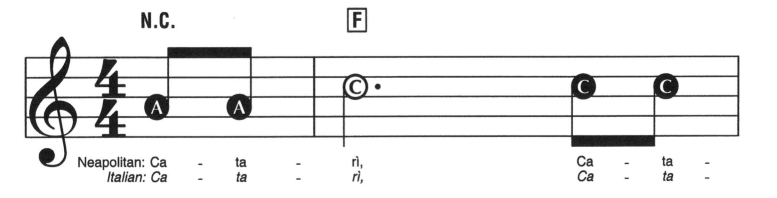

Neapolitan: Ca - ta - rì,   Ca - ta -
Italian: Ca - ta - rì,   *Ca - ta -*

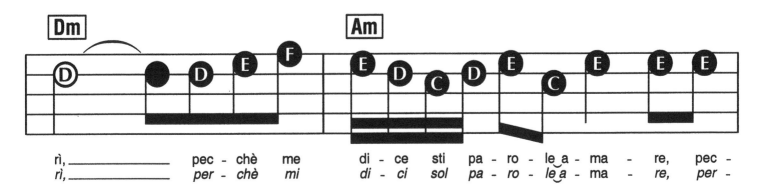

rì, _____ pec - chè me   di - ce sti pa - ro - le_a - ma - re, pec -
rì, _____ per - chè mi   *di - ci sol pa - ro - le_a - ma - re, per -*

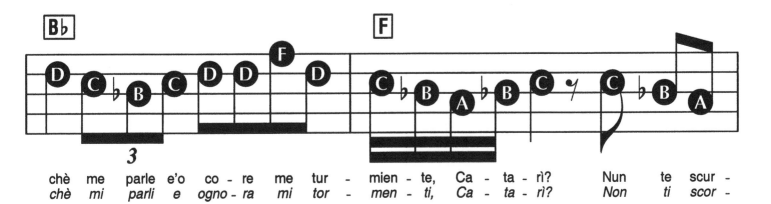

chè me parle e'o co - re me tur - mien - te, Ca - ta - rì?   Nun te scur -
chè mi parli e ogno - ra mi tor - men - ti, Ca - ta - rì?   Non ti scor -

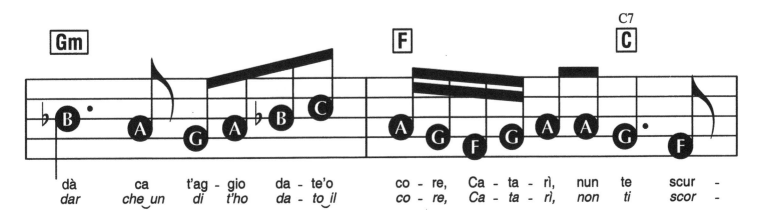

dà ca t'ag - gio da - te'o   co - re, Ca - ta - rì, nun te scur -
dar che un di t'ho da - to il   *co - re, Ca - ta - rì, non ti scor -*

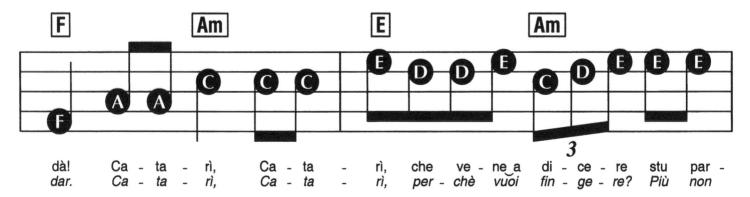

dà! Ca - ta - rì, Ca - ta - rì, che ve - ne_a di - ce - re stu par -
dar. Ca - ta - rì, Ca - ta - rì, per - chè vuoi fin - ge - re? Più non

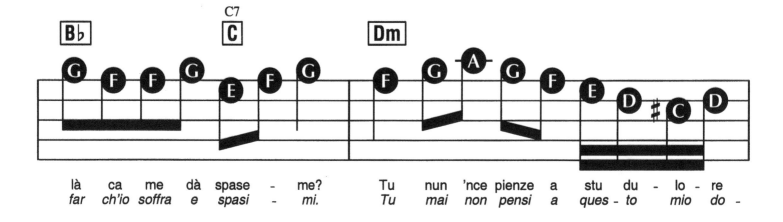

là ca me dà spase - me? Tu nun 'nce pienze a stu du - lo - re
far ch'io soffra e spasi - mi. Tu mai non pensi a ques - to mio do -

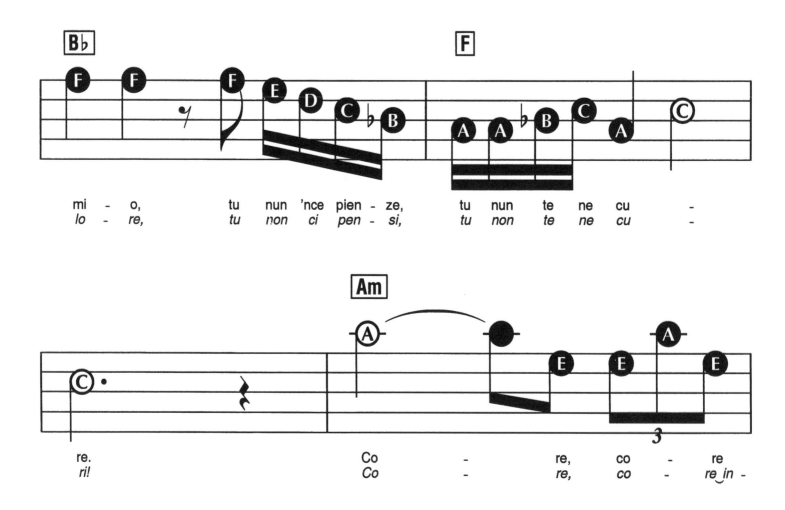

mi - o, tu nun 'nce pien - ze, tu nun te ne cu -
lo - re, tu non ci pen - si, tu non te ne cu -

re. Co - re, co - re
ri! Co - re, co - re in -

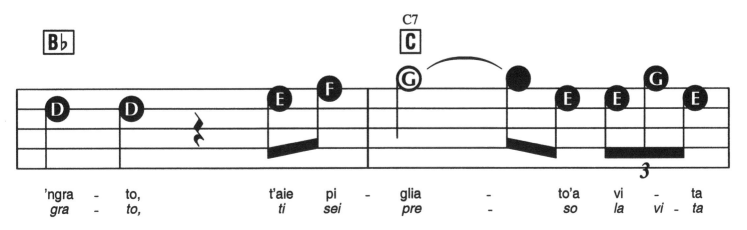

'ngra - to,   t'aie pi - glia - to'a vi - ta
gra - to,   *ti sei pre - so la vi - ta*

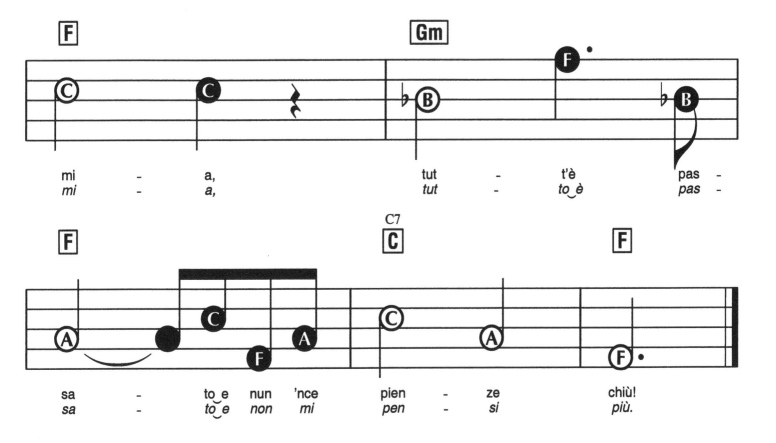

mi - a,   tut - t'è pas -
mi - a,   *tut - to è pas -*

sa - to e nun 'nce pien - ze chiù!
sa - to e non mi pen - si più.

2. Catarì, Catarì,
tu nun'o saie ca'nfin'int'a na chiesa
io so' trasuto e aggio priato a Dio, Catarì.
E l'aggio ditto pure a' o cunfessore:
I' sto a suffrì
pe' chella là!

Sto a suffrì, sto a suffrì,
nun se po' credere,
sto a suffrì tutte li strazie!
E'o cunfessore, ch'è persona santa,
m'ha ditto: Figlio mio, lassala sta'.

Core, core 'ngrato,
t'aie pigliato 'a vita mia,
tutt' è passa'to
e nun 'nce pienze chiù!

2. *Catarì, Catarì,*
tu non lo sai che perfino in chiesa
mi son recato ed ho pregato Iddio, Catarì.
Ed ho narrato al padre confessore
il mio soffrir
per quest'amor.

Un soffrir, un martir
da non si credere.
Un dolor che strazia l'anima.
E il confessore, ch'è persona santa,
mi ha detto: Figlio mio, devi scordar.

Core, core ingrato,
ti sei preso la vita mia,
tutto è passato
e non mi pensi più.

Funiculi, funicula

Registration 2
Rhythm: $\frac{6}{8}$ March

Words and Music by
Luigi Denza

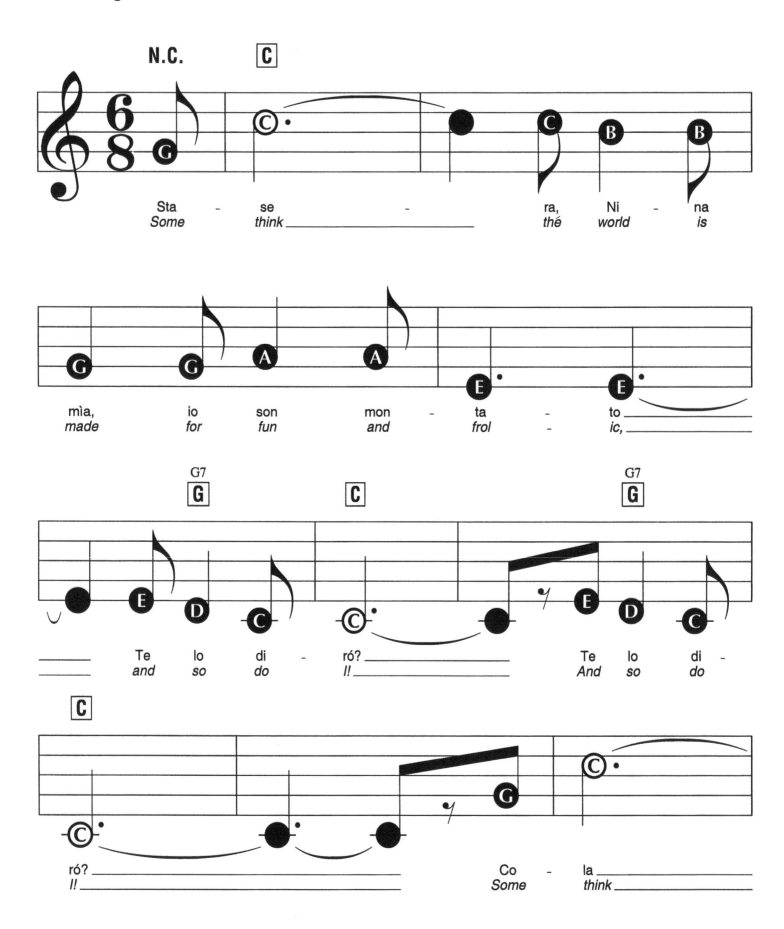

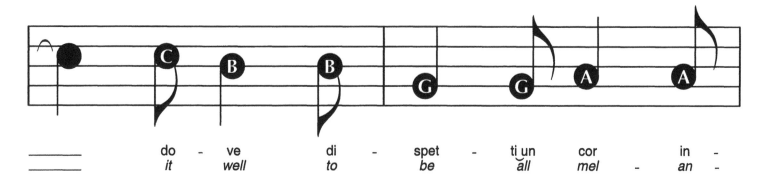

do - ve di - spet - ti un cor in -
it well to be all mel - an -

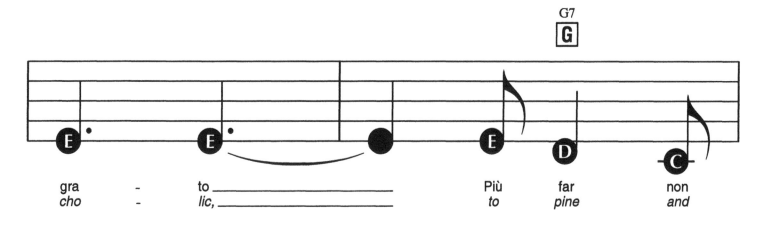

gra - to _____ Più far non
cho - lic, _____ to pine and

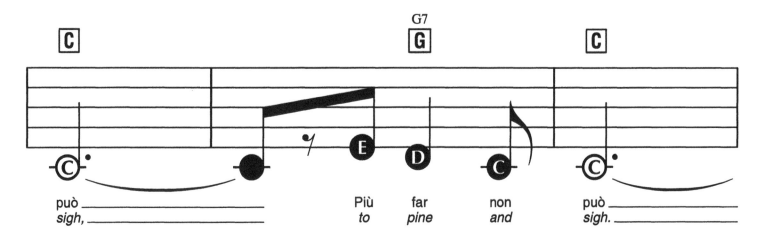

può _____ Più far non può _____
sigh, _____ to pine and sigh. _____

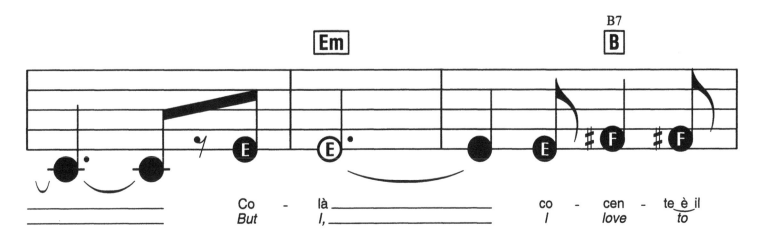

_____ Co - là _____ co - cen - te è il
_____ But I, _____ I love to

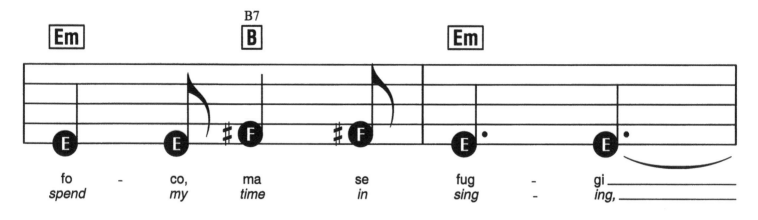

fo - co, ma se in fug - gi
spend my time in sing - ing,

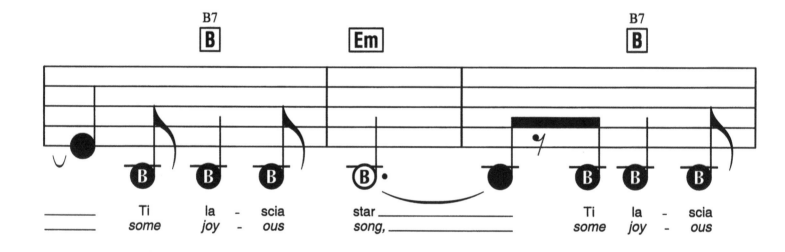

Ti la - scia star song,
some joy - ous Ti la - scia
some joy - ous

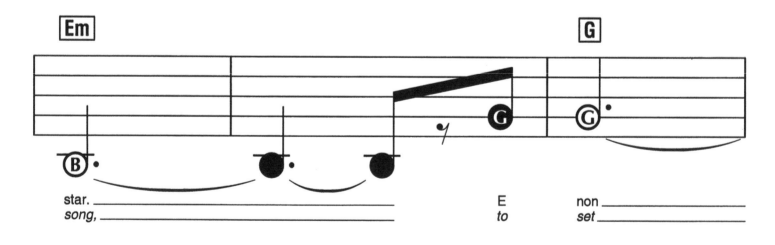

star. E non
song, to set

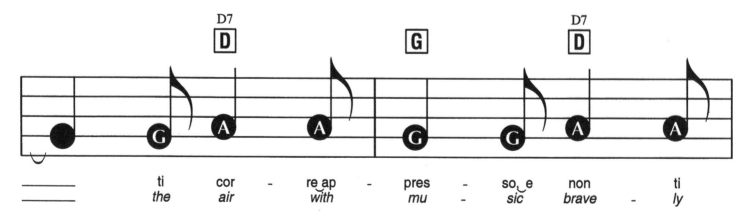

ti cor - re ap - pres - so e non ti
the air with mu - sic brave - ly

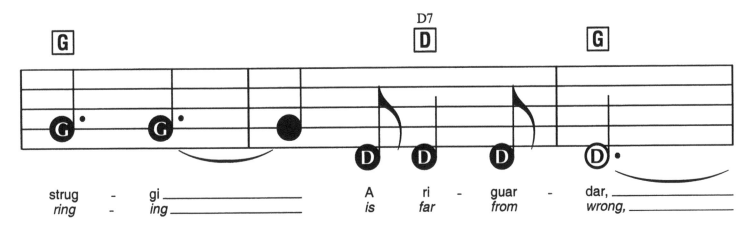

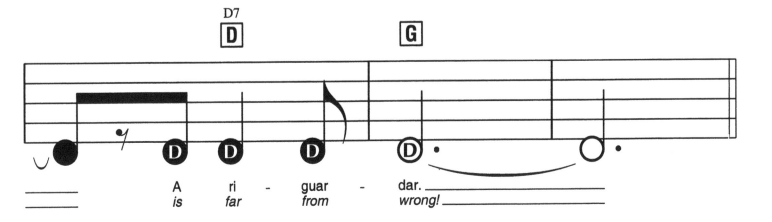

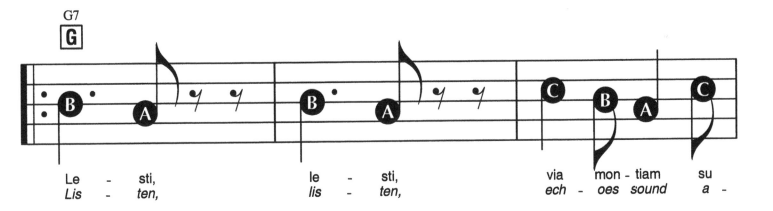

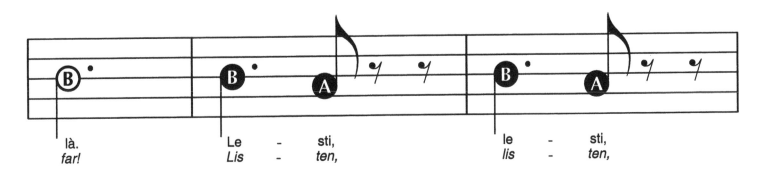

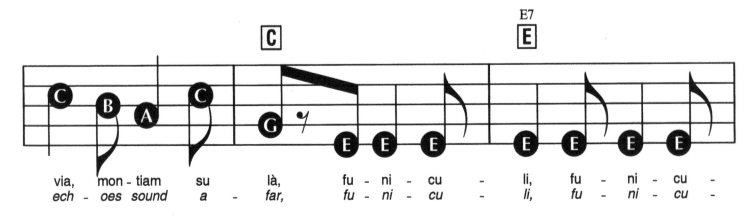

via, mon - tiam su là, fu - ni - cu - li, fu - ni - cu -
ech - oes sound a - far, fu - ni - cu - li, fu - ni - cu -

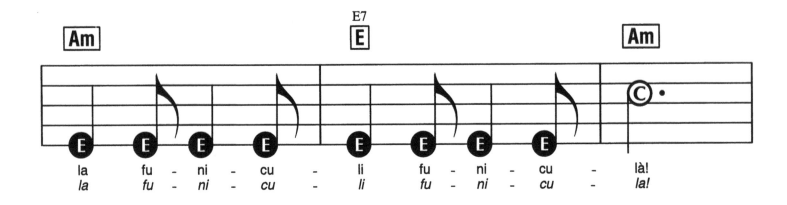

la fu - ni - cu - li fu - ni - cu - là!
la fu - ni - cu - li fu - ni - cu - la!

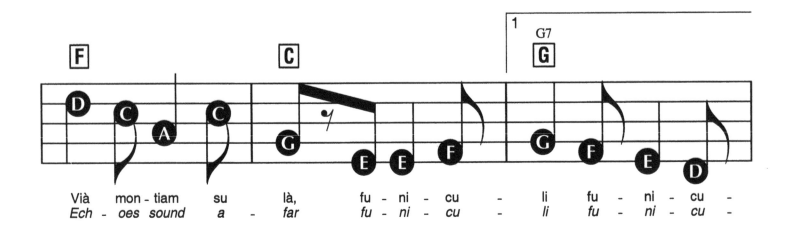

Vià mon - tiam su là, fu - ni - cu - li fu - ni - cu -
Ech - oes sound a - far fu - ni - cu - li fu - ni - cu -

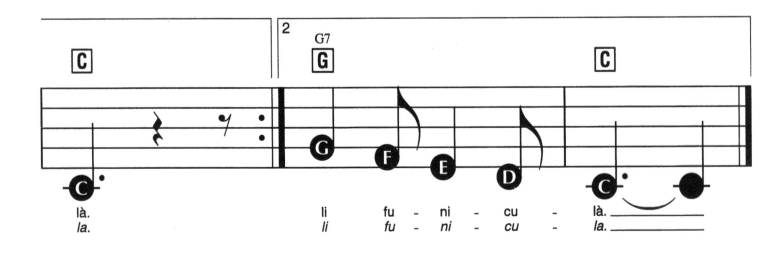

là. li fu - ni - cu - là._____
la. li fu - ni - cu - la._____

La canzone di Doretta
(Chi bel sogno di Doretta)
from LA RONDINE

Registration 4

Words and Music by
Giacomo Puccini

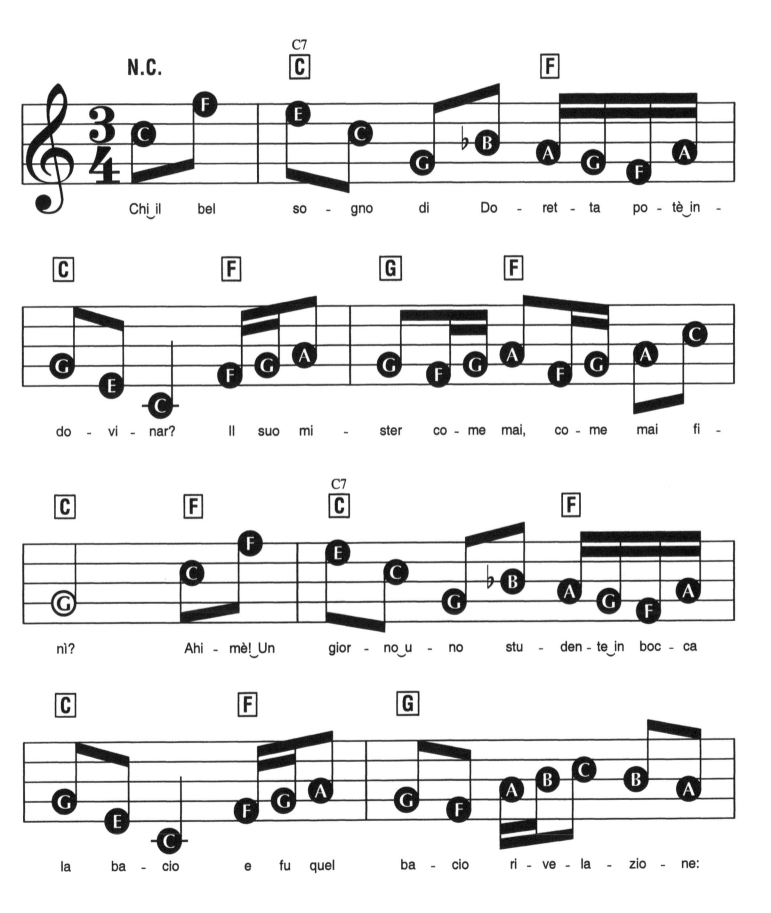

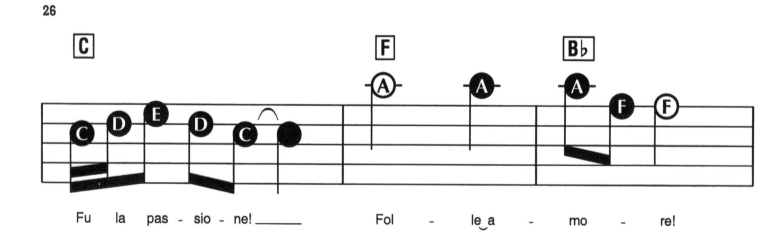

Fu la pas - sio - ne! _____ Fol - le_a - mo - re!

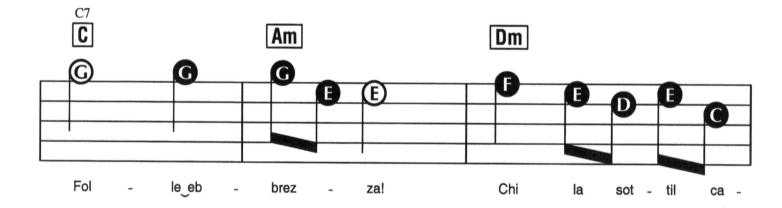

Fol - le_eb - brez - za! Chi la sot - til ca -

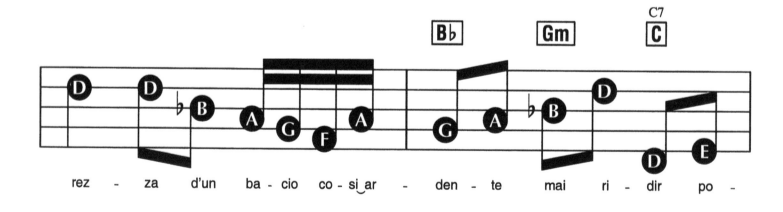

rez - za d'un ba - cio co - si_ar - den - te mai ri - dir po -

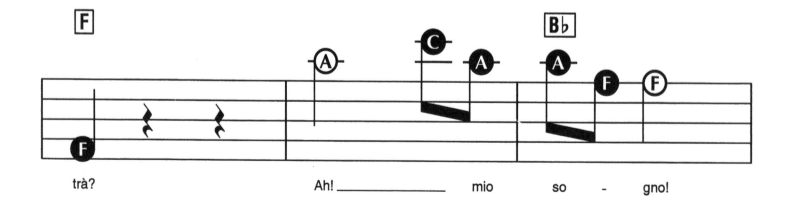

trà? Ah! _____ mio so - gno!

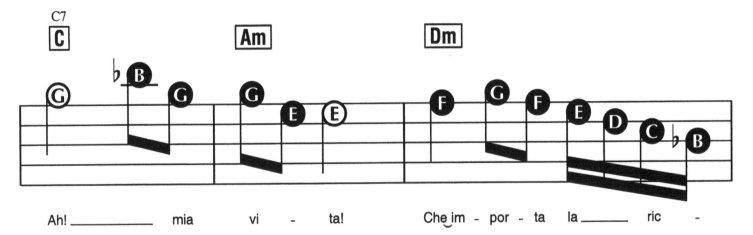

Ah! _____ mia vi - ta! Che im - por - ta la _____ ric -

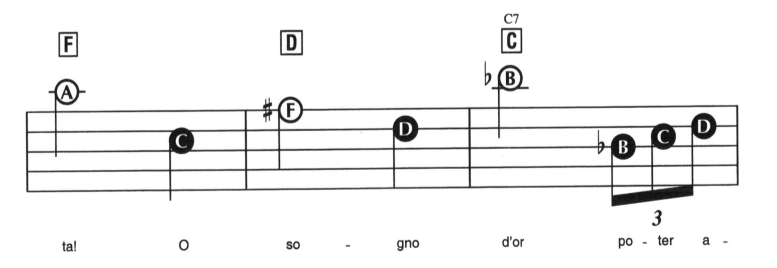

chez - za se al - fin è ri - fio - ri - ta la fe - li - ci -

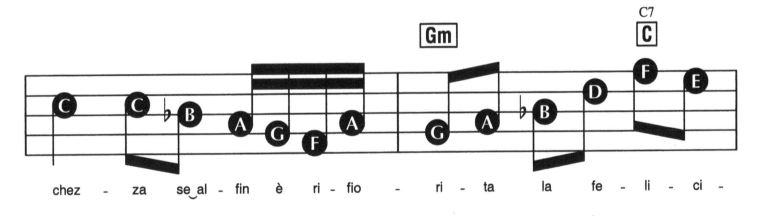

ta! O so - gno d'or po - ter a -

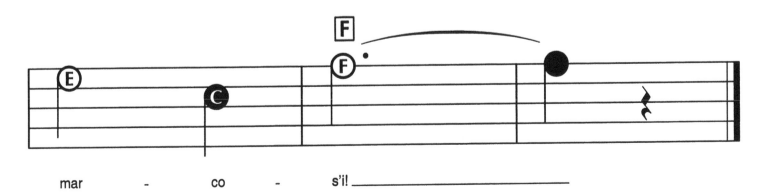

mar - co - s'i! _____

La donna è mobile

from RIGOLETTO

By Giuseppe Verdi

Registration 4
Rhythm: Waltz

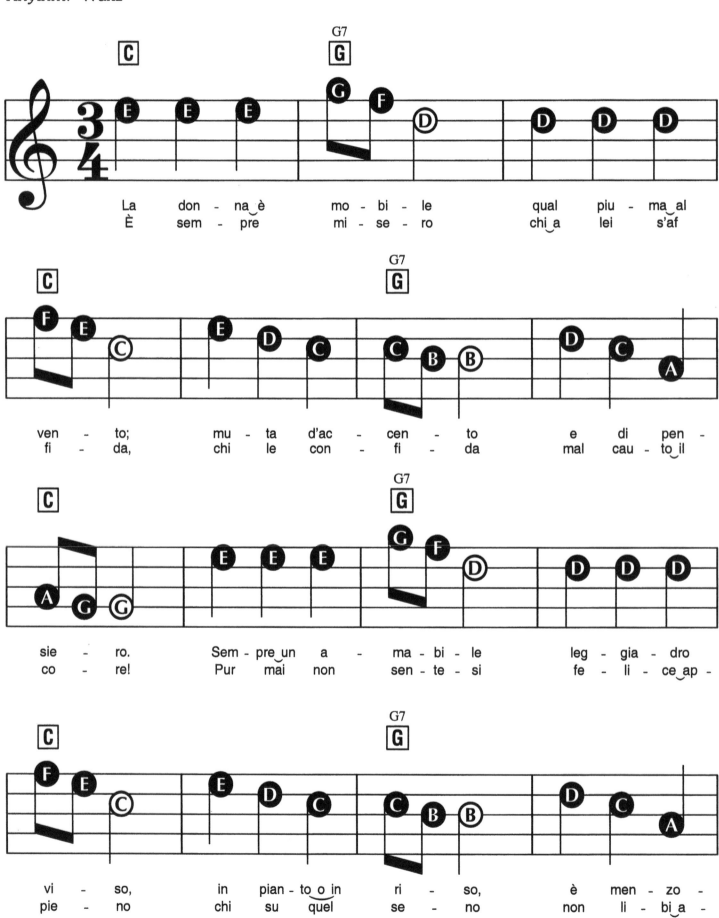

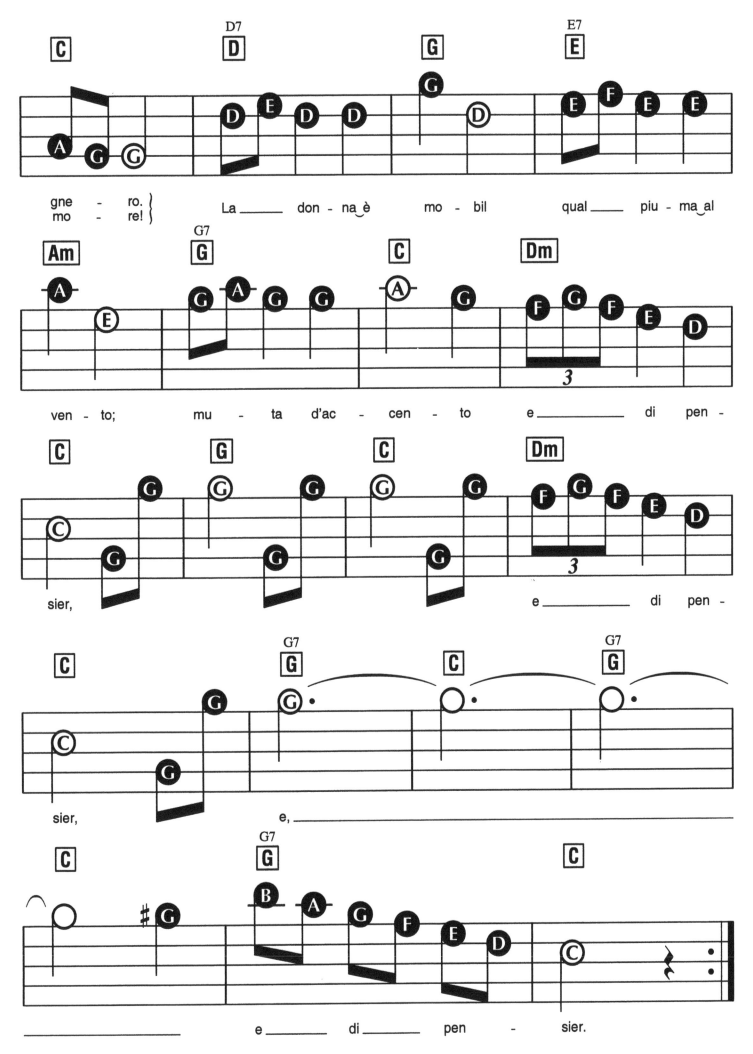

La sorella

Registration 1
Rhythm: March

By C. Borel-Clerc

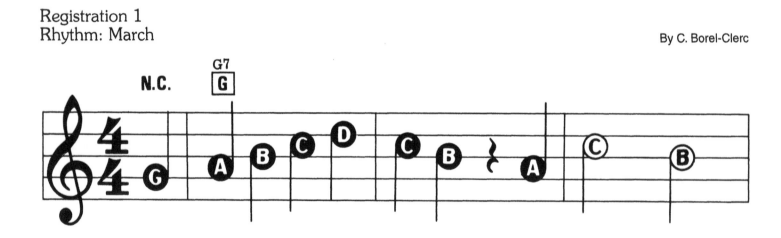

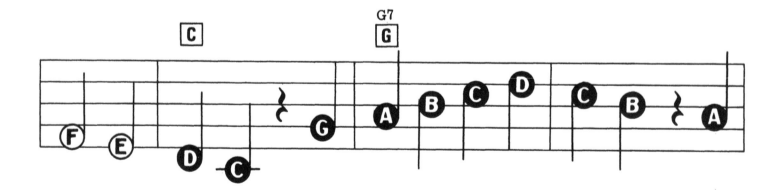

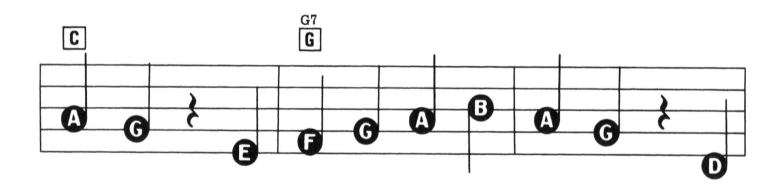

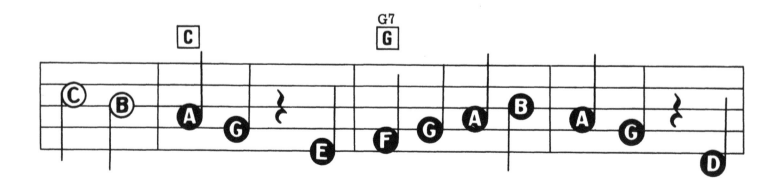

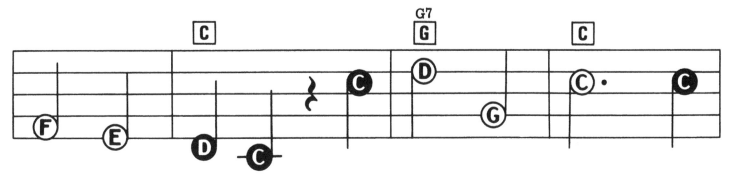

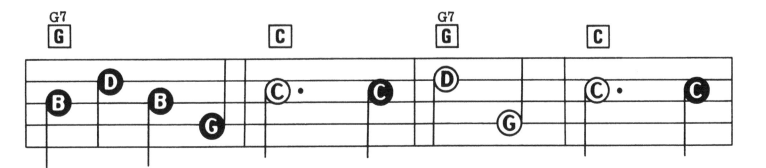

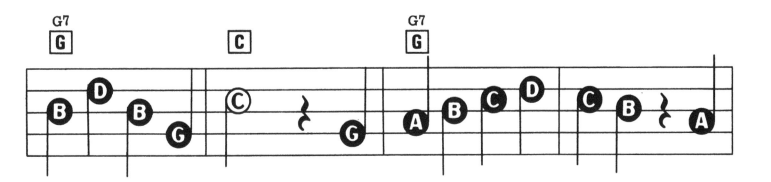

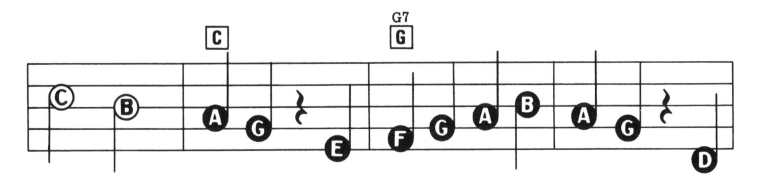

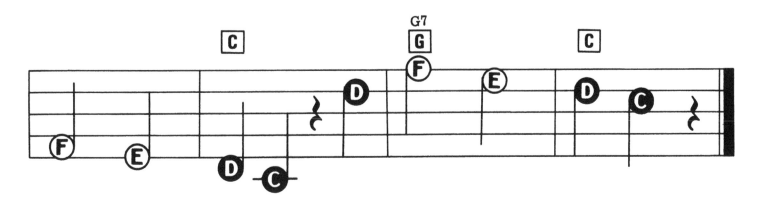

La Spagnola

Registration 3
Rhythm: Waltz

By Vincenzo Chiari

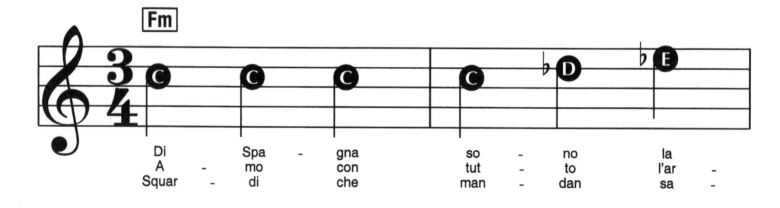

Di   Spa - gna   so - no   la
A - mo   con   tut - to   l'ar -
Squar - di   che   man - dan   sa -

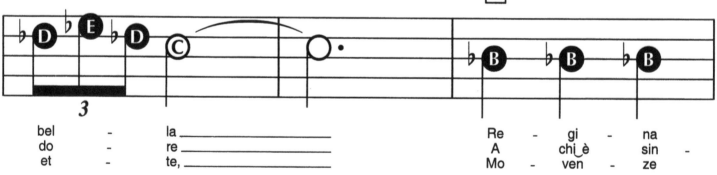

bel -   la _____   Re - gi - na
do -   re _____   A chi è sin -
et -   te, _____   Mo - ven - ze

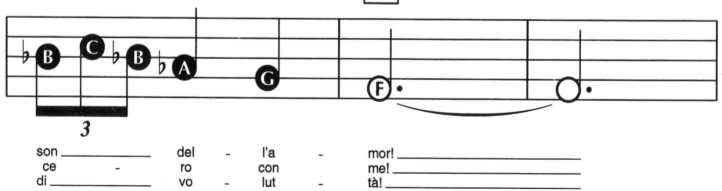

son _____   del - l'a -   mor! _____
ce -   ro   con   me! _____
di _____   vo - lut -   tà! _____

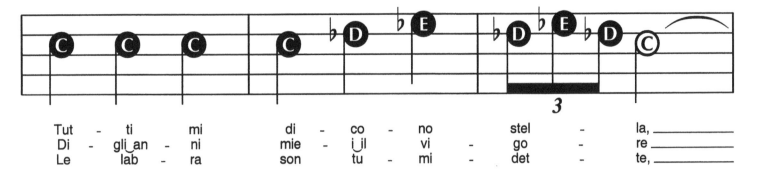

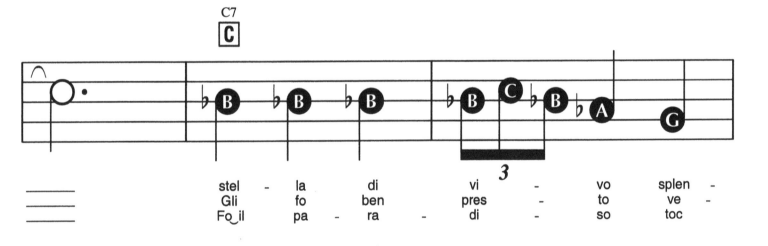

Tut - ti mi di - co - no stel - la, _____
Di - gli an - ni mie i il vi - go - re _____
Le lab - ra son tu mi - det - te, _____

_____ stel - la di vi - vo splen -
_____ Gli fo ben pres - to ve -
_____ Fo il pa - ra - di - so toc

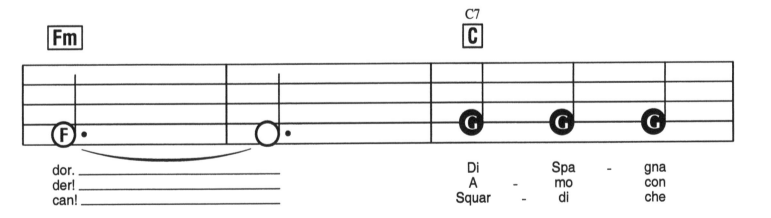

dor. _____ Di Spa - gna
der! _____ A - mo con
can! _____ Squar - di che

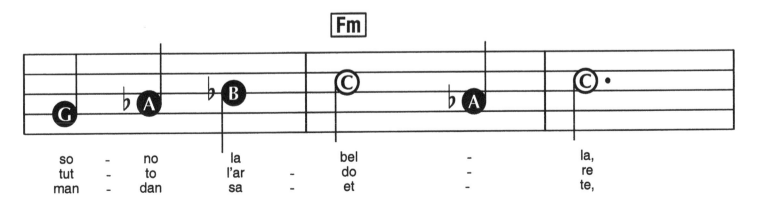

so - no la bel - la,
tut - to l'ar - do - re
man - dan sa - et - te,

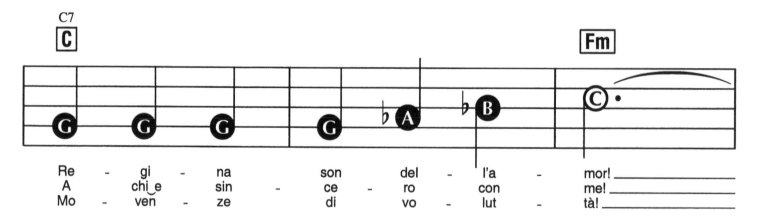

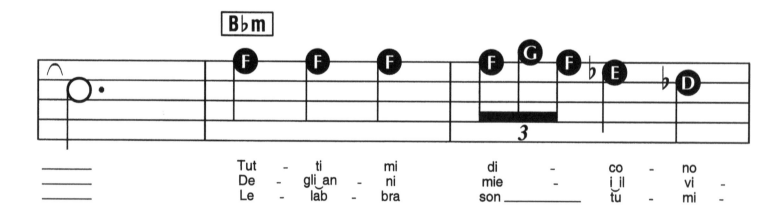

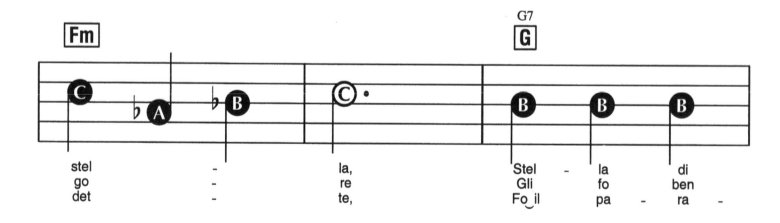

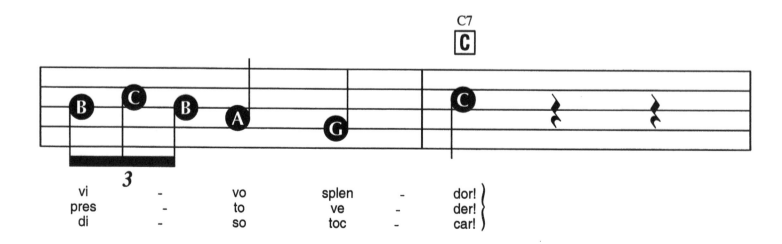

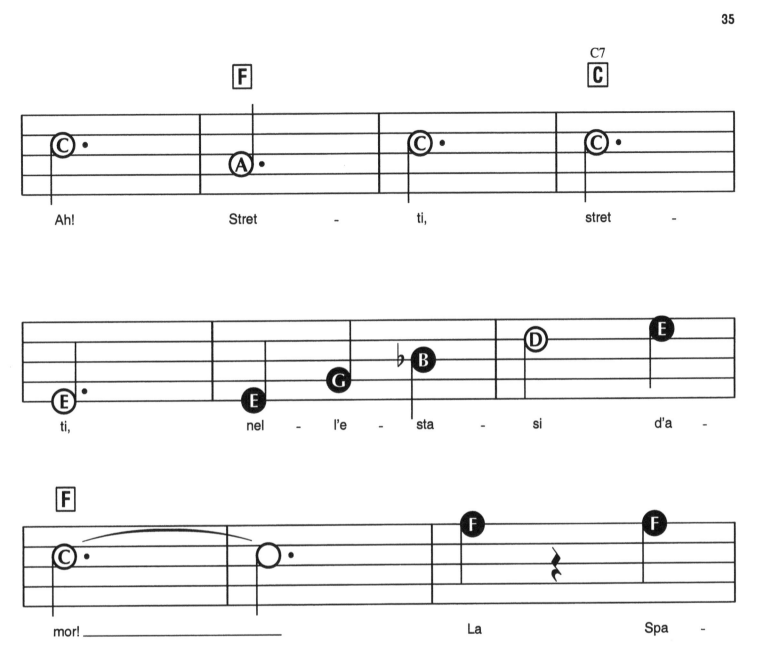

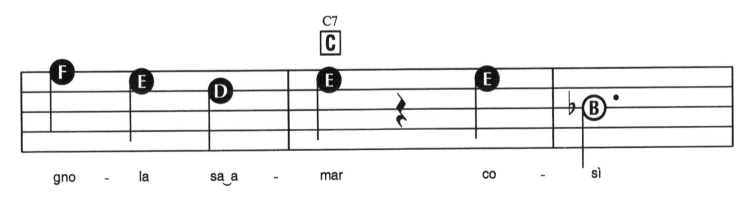

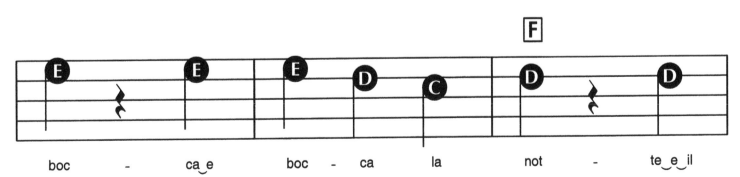

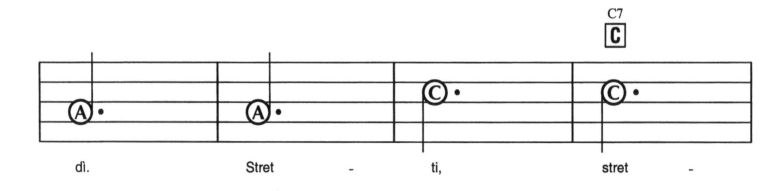

dì.　　　　Stret　　　-　　　ti,　　　　stret　-

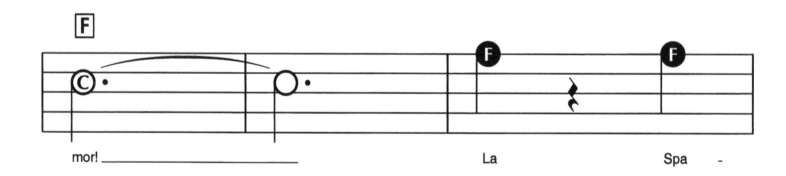

ti　　　　nel　-　l'e　-　sta　-　si　　d'a　-

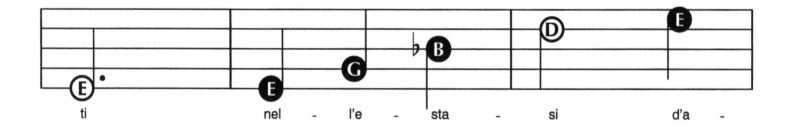

mor! _____　　　　　La　　　Spa　-

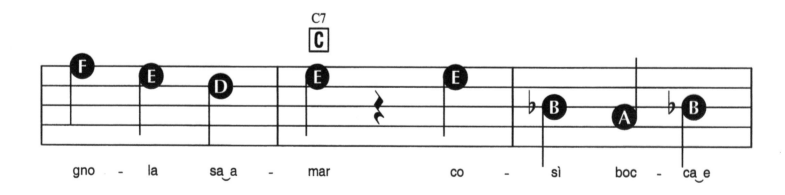

gno　-　la　sa‿a　-　mar　　　co　-　sì　boc　-　ca‿e

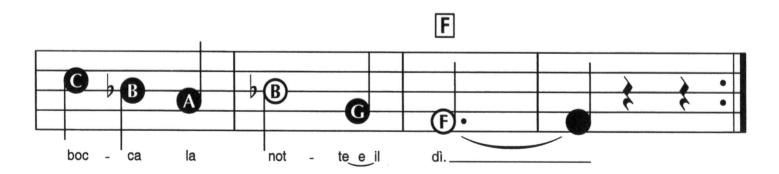

boc　-　ca　la　　not　-　te‿e‿il　dì. _____

La vera Sorrentina
(The Fair Maid of Sorrento)

Registration 2
Rhythm: Waltz

Italian Folksong

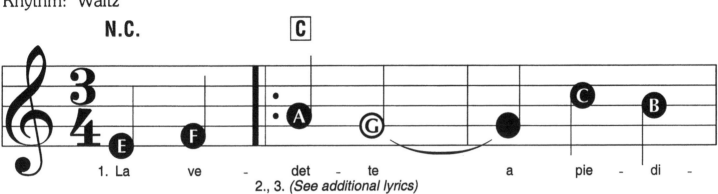

1. La ve - det - te   a   pie - di -
2., 3. *(See additional lyrics)*

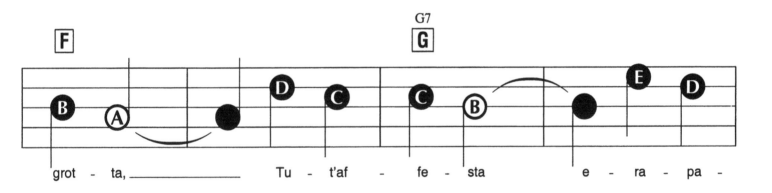

grot - ta, _____ Tu - t'af - fe - sta   e - ra - pa -

ra - ta, _____ Pe - guar - dar - la _____ trop - pa

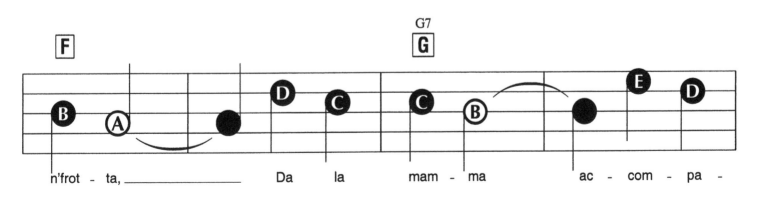

n'frot - ta, _____ Da   la   mam - ma   ac - com - pa -

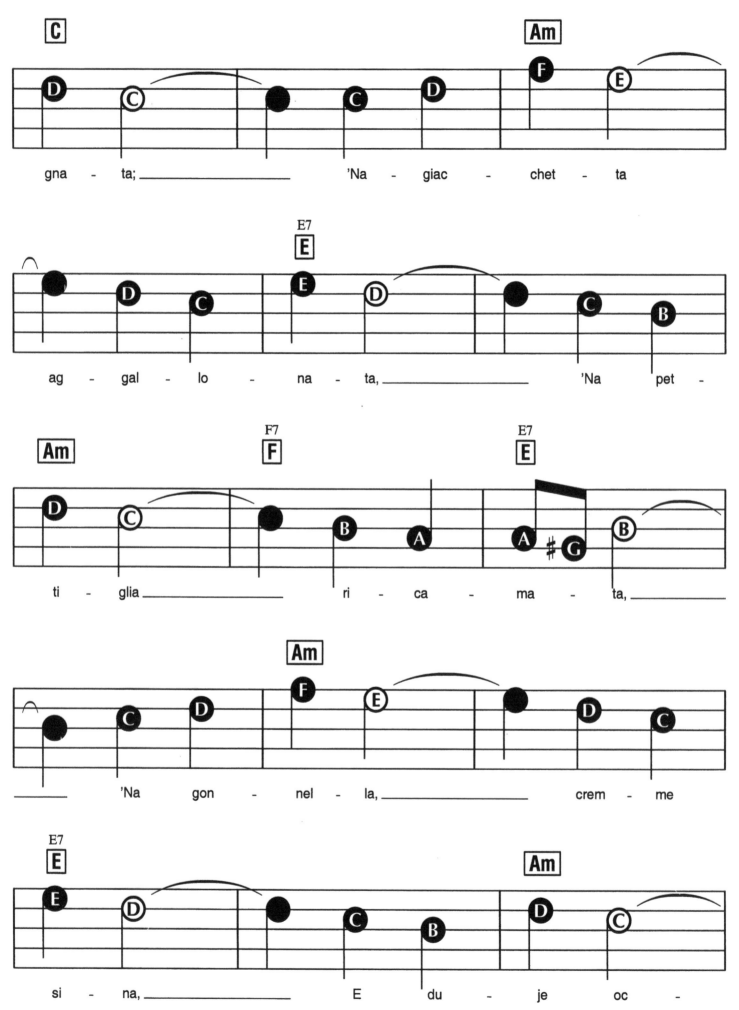

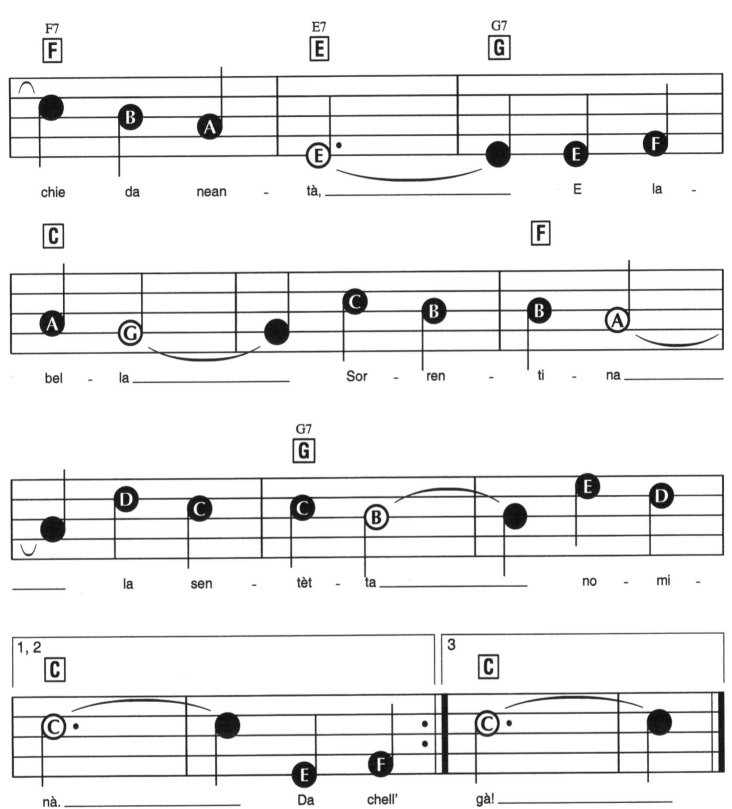

Additional Lyrics

2. Da chell' ora nn'aggio pace,
   Stongo sempe a sosperare;
   Chiù la rezza non me piace,
   Chiù no ntenno lo ppescare.
   Co la misera barchetta
   A Sorriento 'nfretta, 'nfretta
   Ogne sera, ogne mattina
   Vace lagreme a jettà.
   Ma la sgrata Sorrentina
   Non ha maje de me pietà.

3. Se non cura chesti pene
   Quanto cana, tanto bella,
   Voto strada, e do lo bbene
   A quacc' altra nennella,
   Ma che vedo? che sventura,
   Lampa, e l'aria se fa scura.
   Aggio spersa la banchina
   La barchetta è p'affonnà!
   Pe tte sprata Sorrentina
   Io mi vado ad affogà!

M'appari tutt' amor
from MARTHA

Registration 10

By Friedrich von Flotow

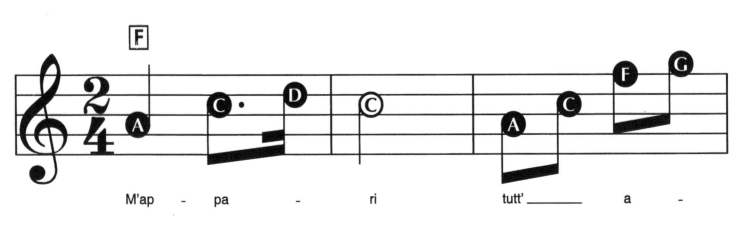

M'ap - pa - ri tutt' _____ a -

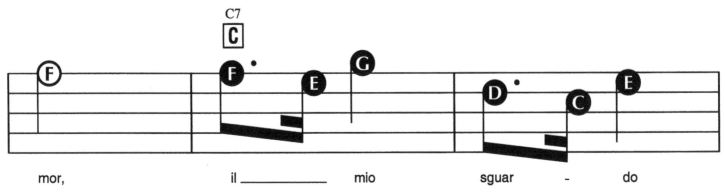

mor, il _____ mio sguar - do

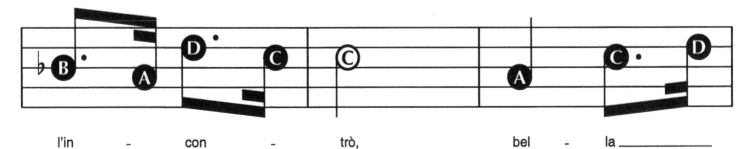

l'in - con - trò, bel - la _____

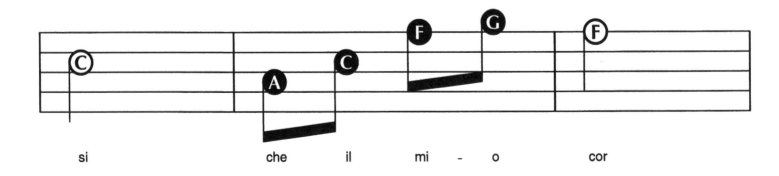

si che il mi - o cor

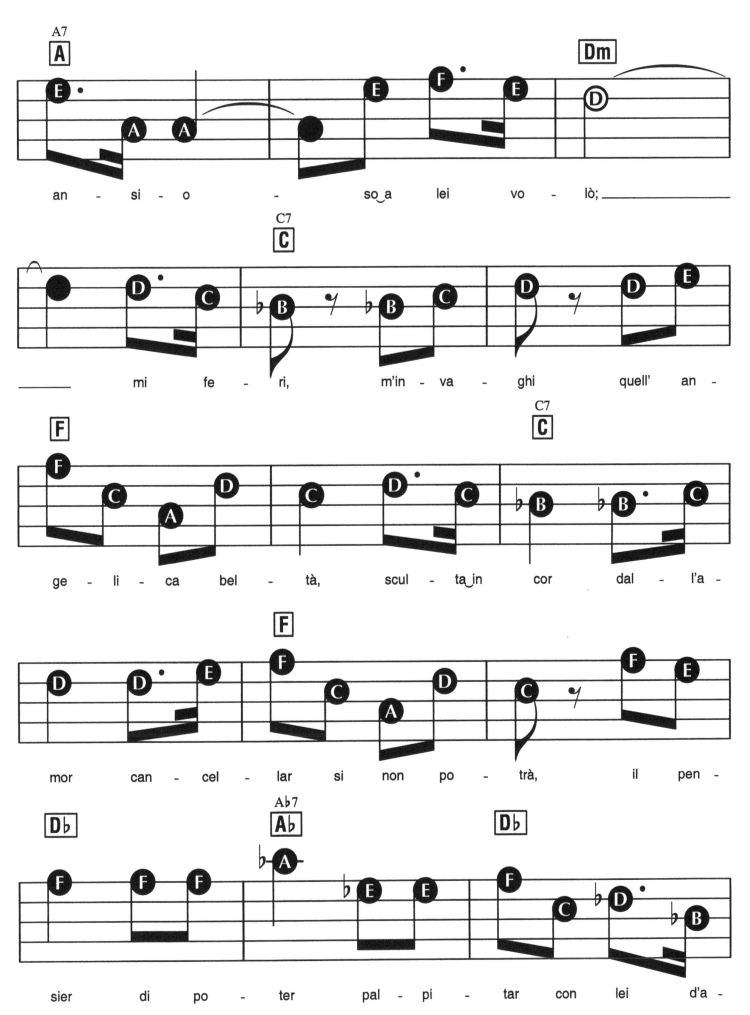

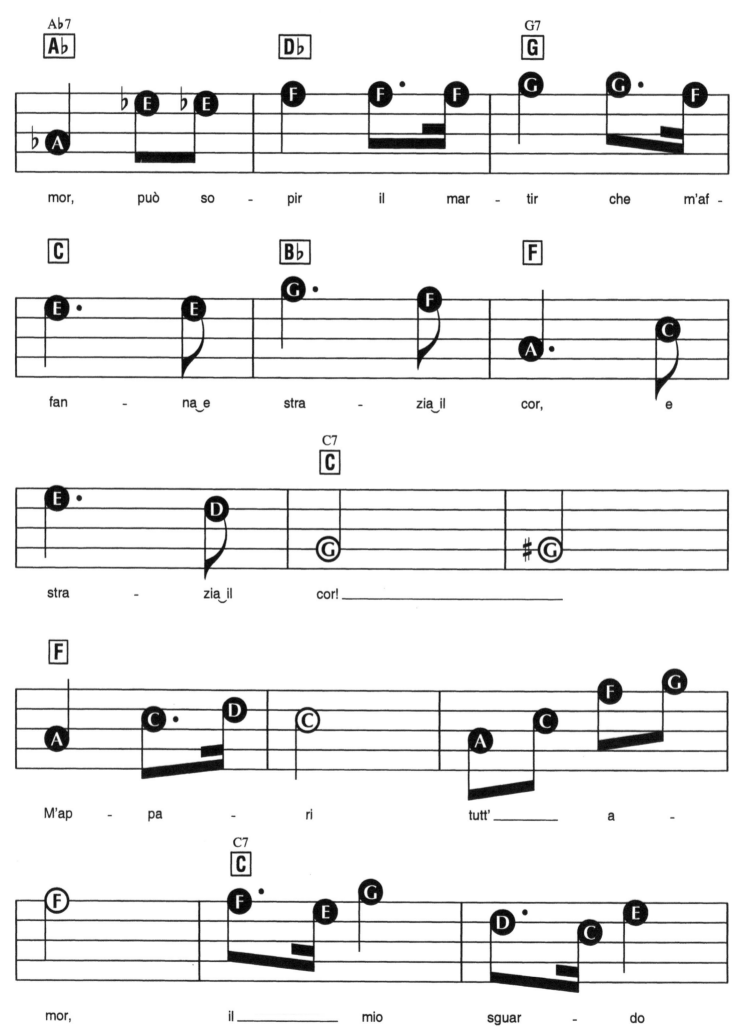

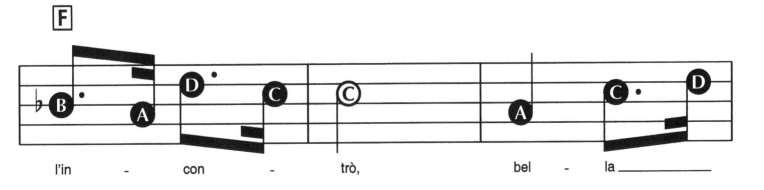

l'in - con - trò, bel - la _____ la _____

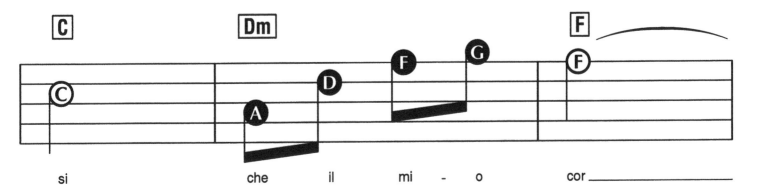

si che il mi - o cor_____

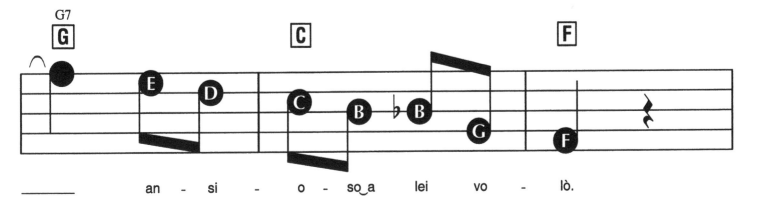

_____ an - si - o - so_a lei vo - lò.

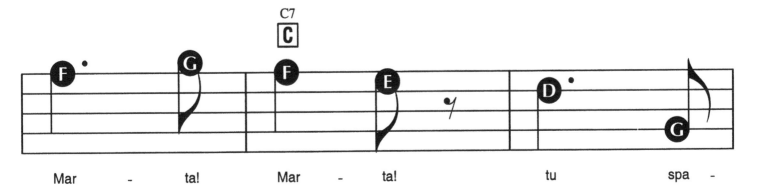

Mar - ta! Mar - ta! tu spa -

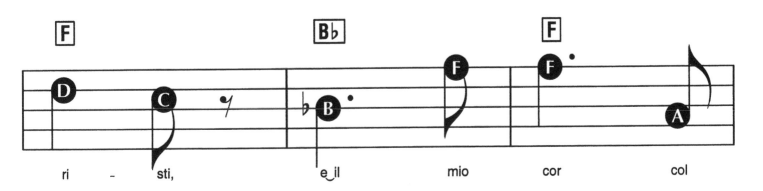

ri - sti, e_il mio cor col

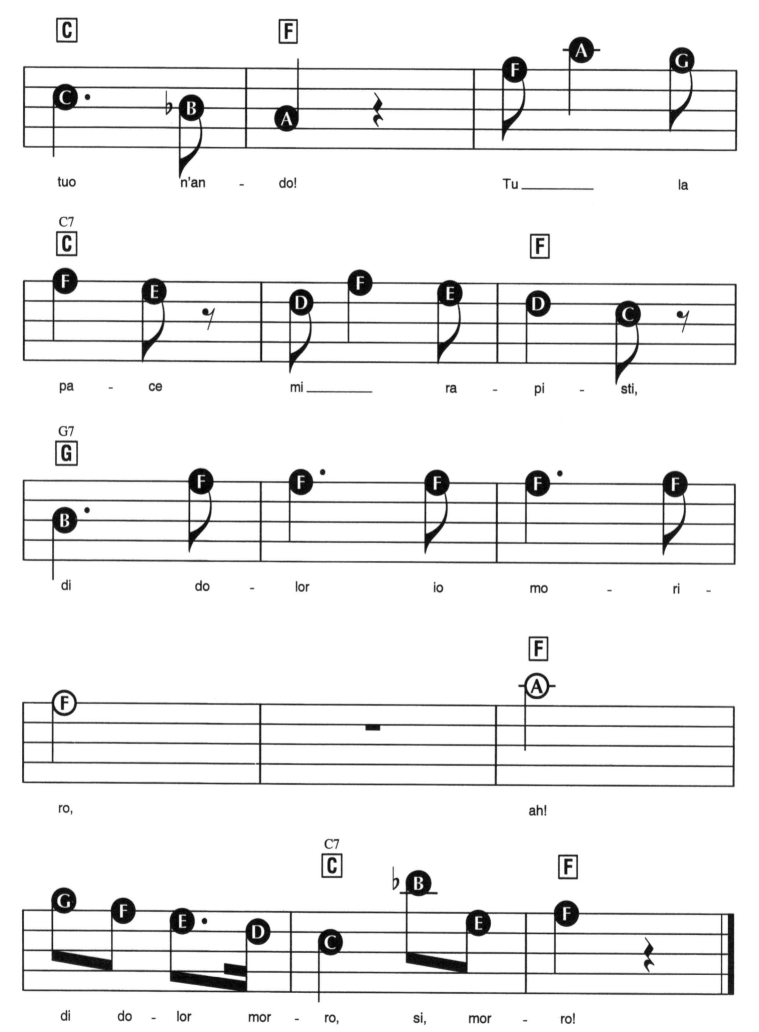

Margarita

Registration 6
Rhythm: Polka

By Vittorio Fassone

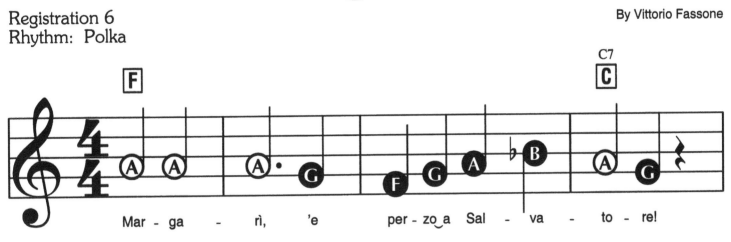

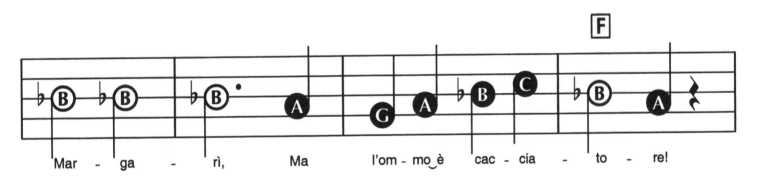

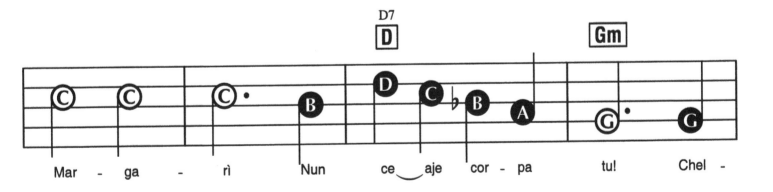

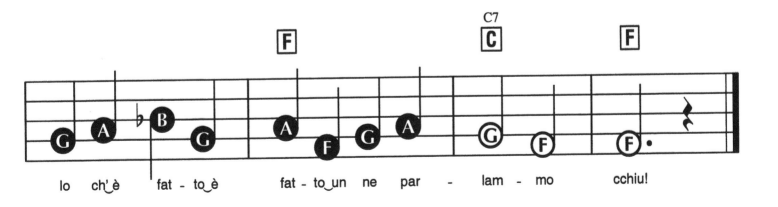

Mandolinata
(The Mandolin Serenade)

Registration 4
Rhythm: 6/8 March

By E. Paladilhe

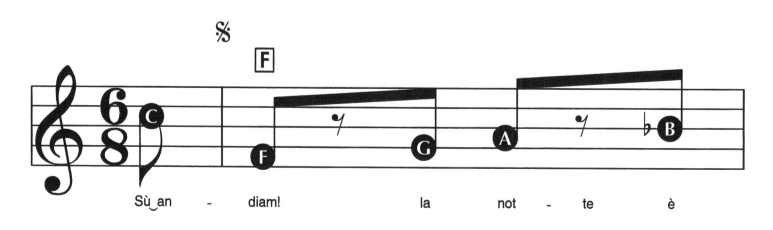

Sù an - diam!   la   not - te   è

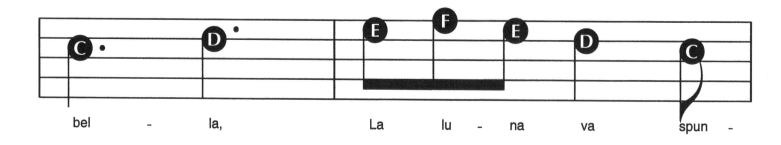

bel -   la,   La   lu - na va   spun -

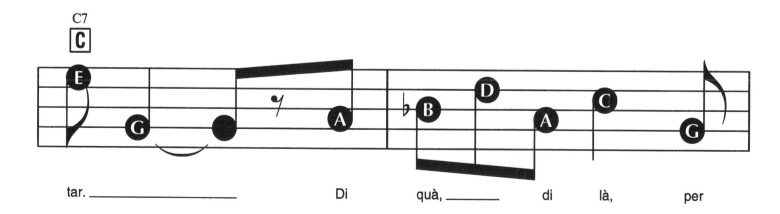

tar. _____   Di   quà, _____ di   là,   per

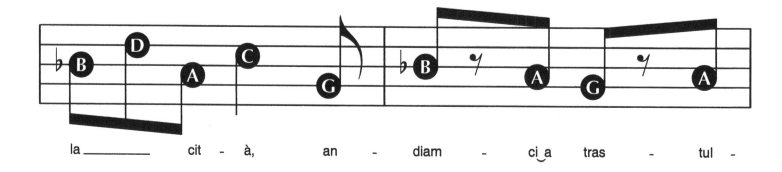

la _____   cit - à,   an - diam - ci a tras - tul -

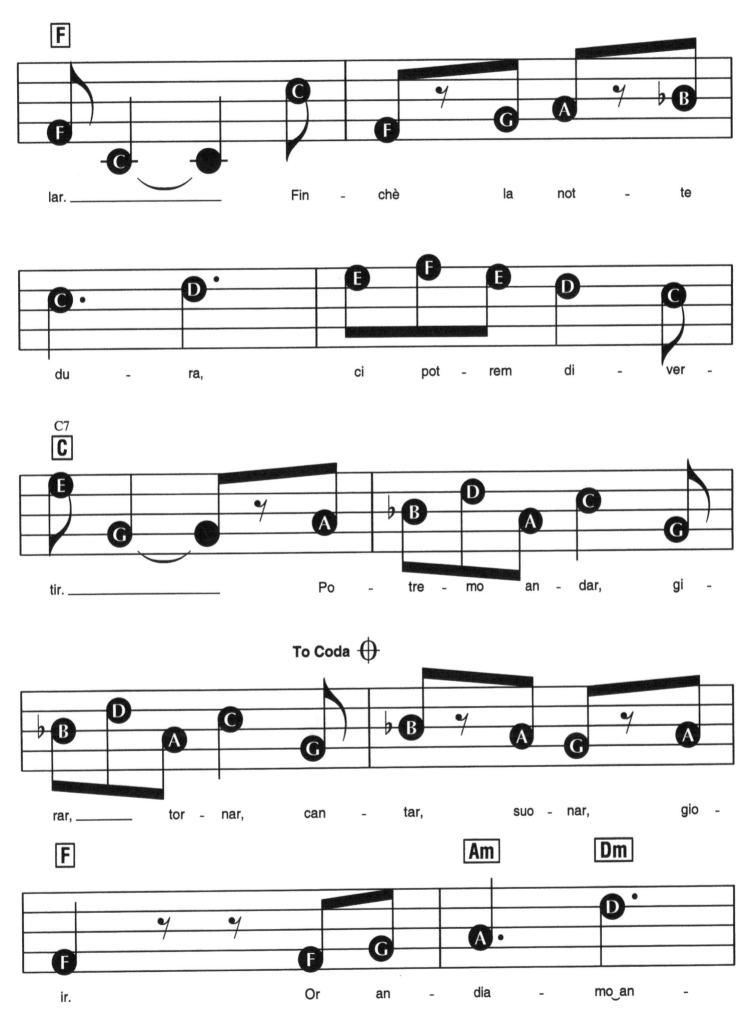

48

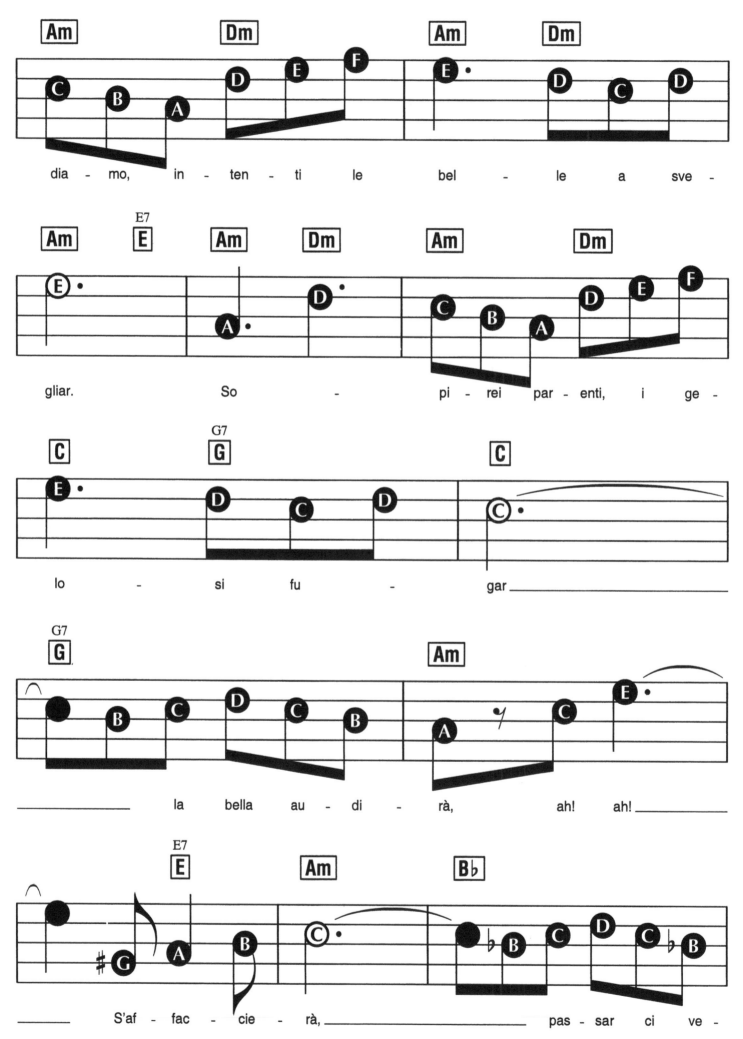

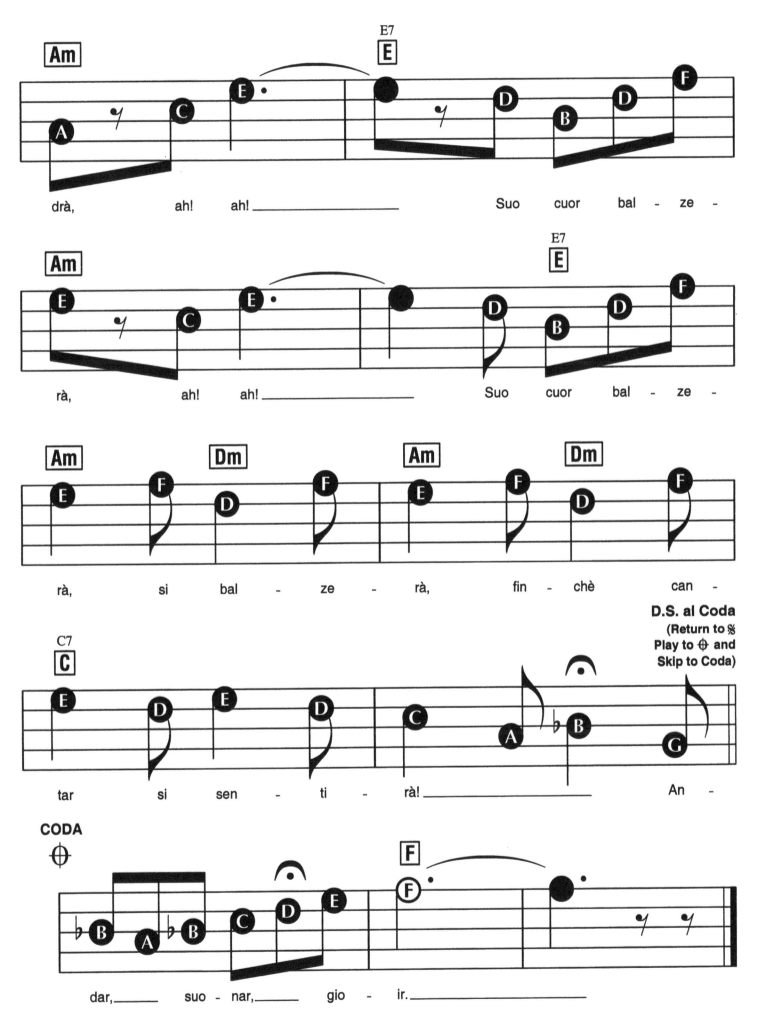

Mattinata

Registration 4
Rhythm: Waltz

By Ruggiero Leoncavallo

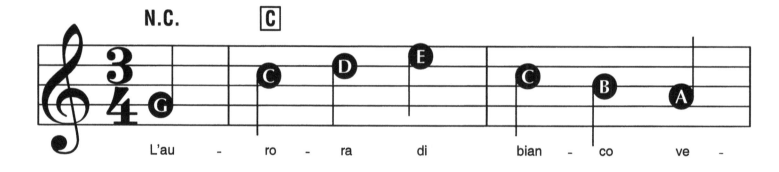

L'au - ro - ra di bian - co ve -

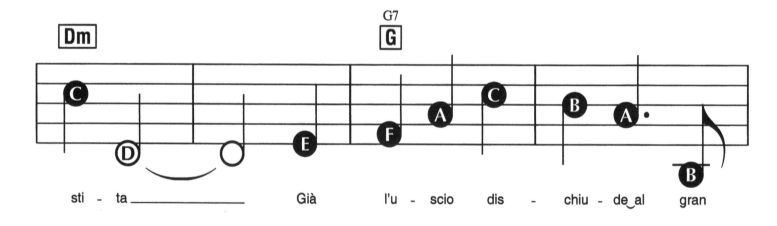

sti - ta _____ Già l'u - scio dis - chiu - de al gran

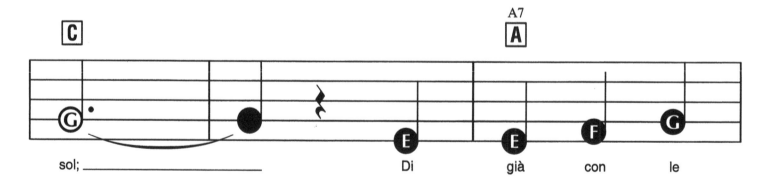

sol; _____ Di già con le

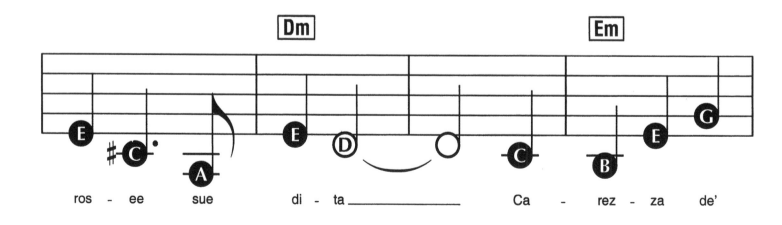

ros - e e sue di - ta _____ Ca - rez - za de'

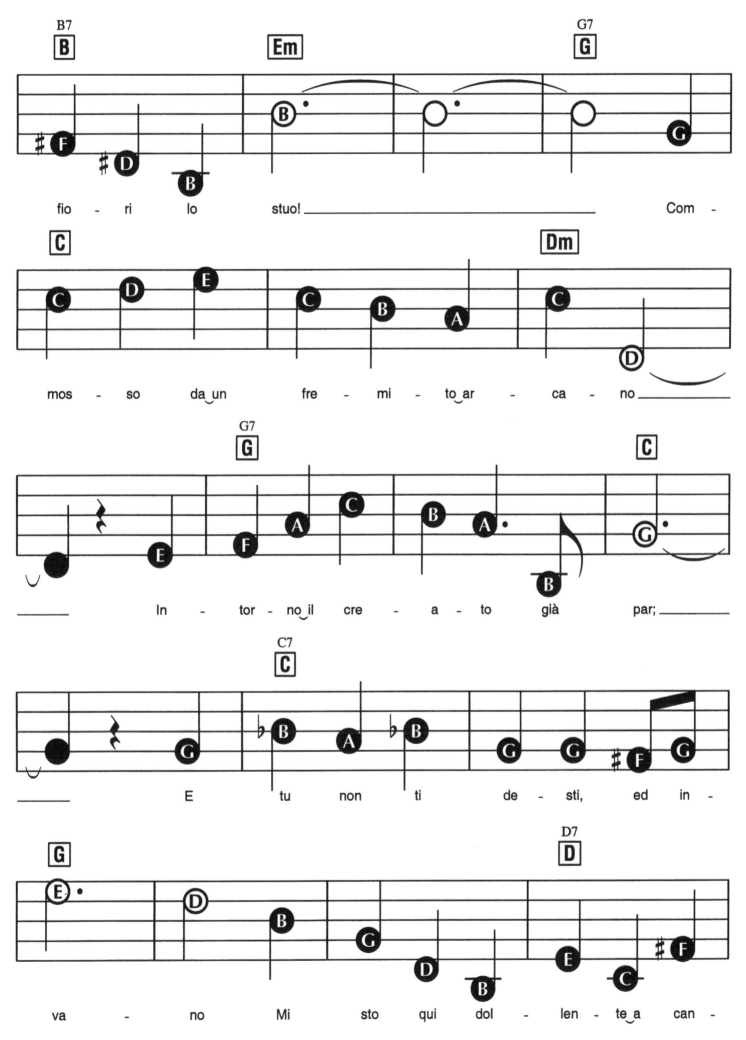

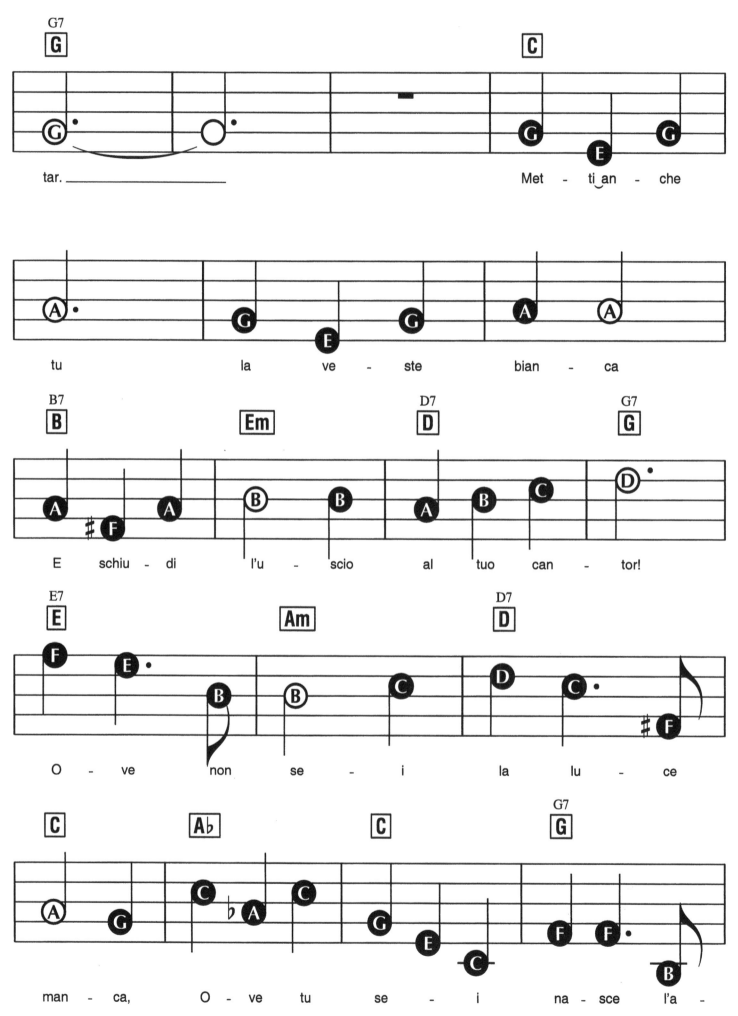

53

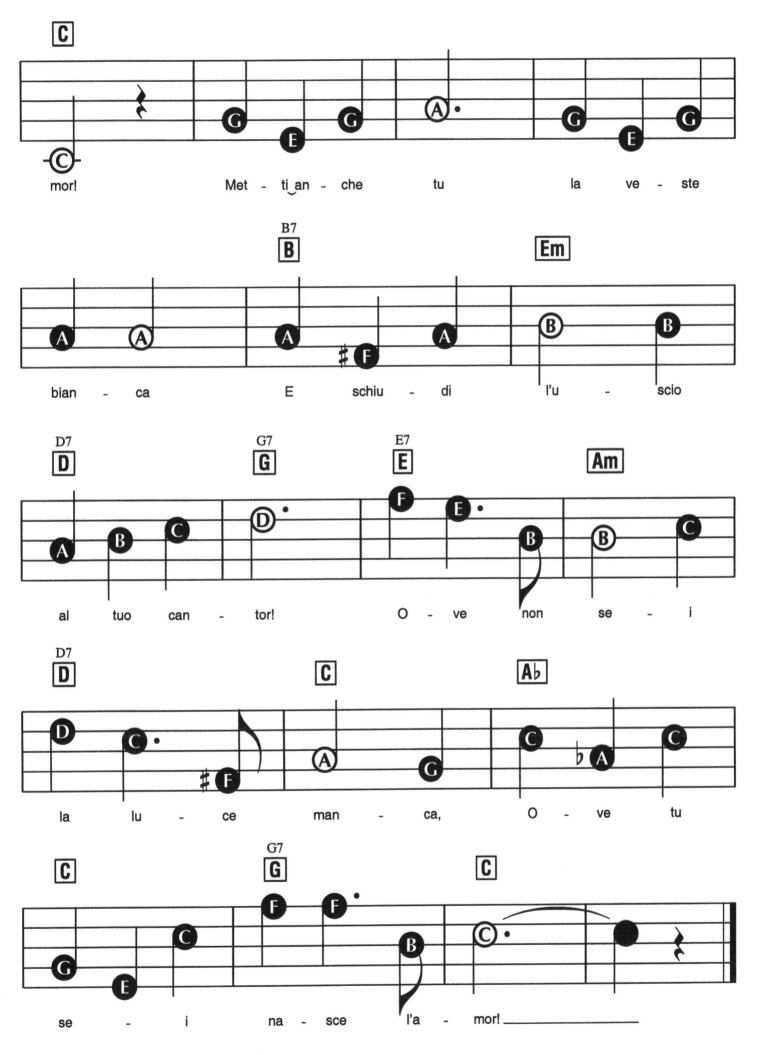

O mio babbino caro
from GIANNI SCHICCHI

Registration 1
Rhythm: Waltz

By Giacomo Puccini

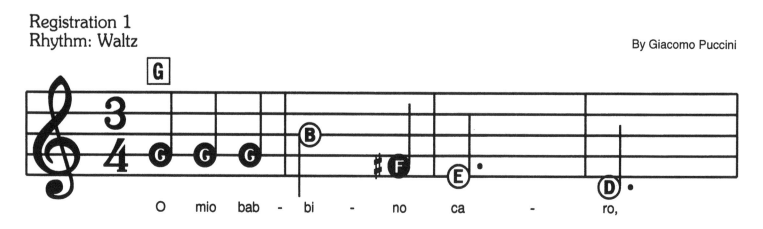

O mio bab - bi - no ca - ro,

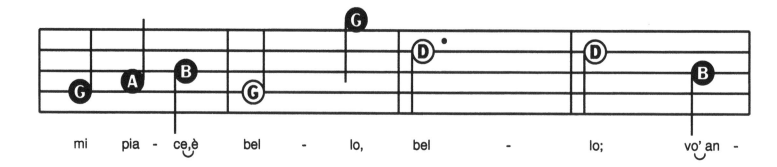

mi pia - ce,è bel - lo, bel - lo; vo' an -

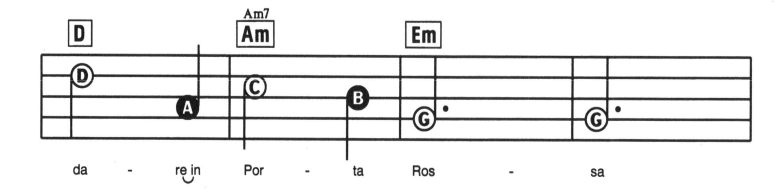

da - re in Por - ta Ros - sa

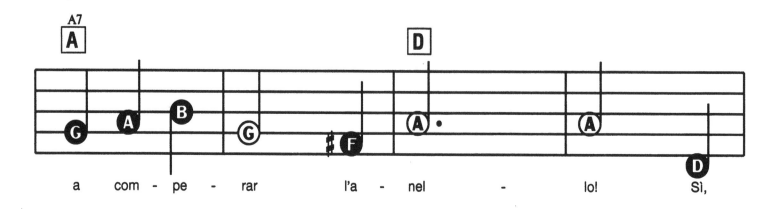

a com - pe - rar l'a - nel - lo! Sì,

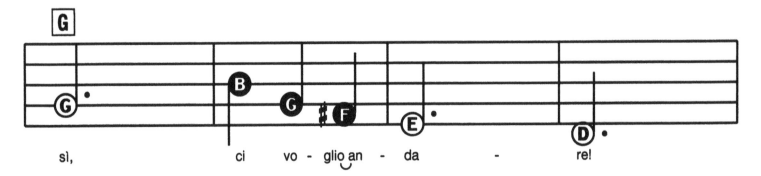

sì, ci vo - glio an - da - re!

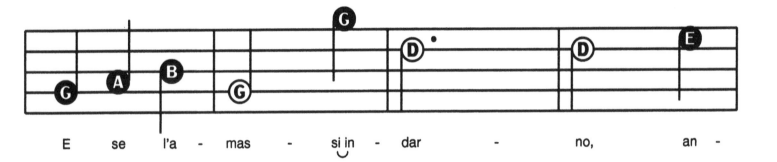

E se l'a - mas - si in - dar - no, an -

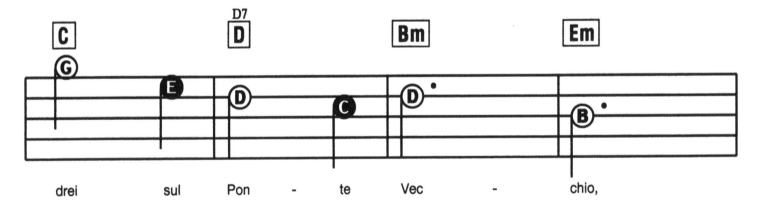

drei sul Pon - te Vec - chio,

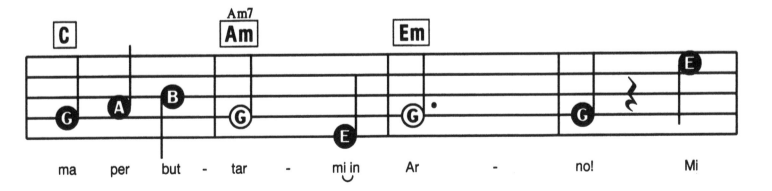

ma per but - tar - mi in Ar - no! Mi

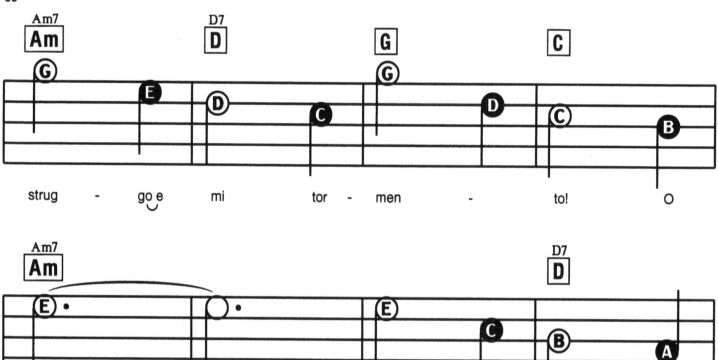

strug - go e mi tor - men - to! O

Di - o, vor - rei mo -

rir!

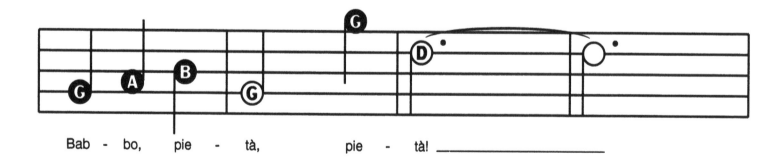

Bab - bo, pie - tà, pie - tà! _____

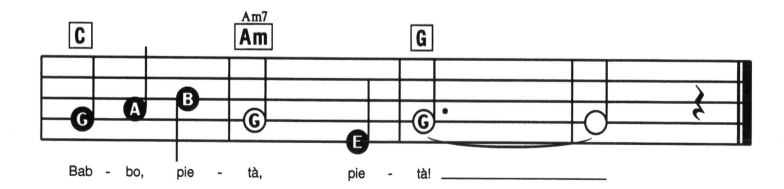

Bab - bo, pie - tà, pie - tà! _____

Quando men vo
(Musetta's Waltz)
from LA BOHÈME

Registration 3
Rhythm: Waltz

By Giacomo Puccini

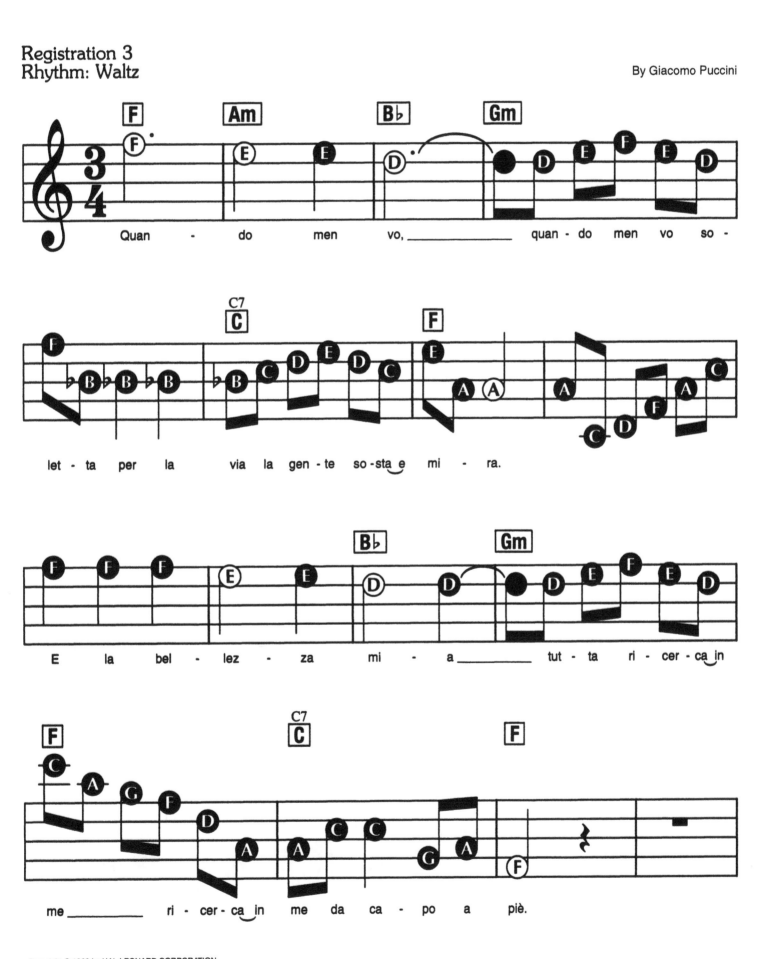

58

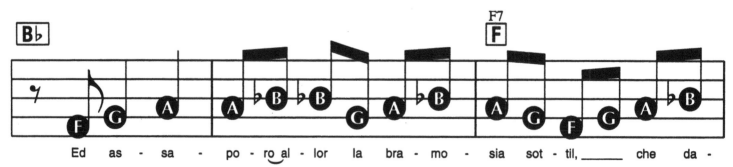

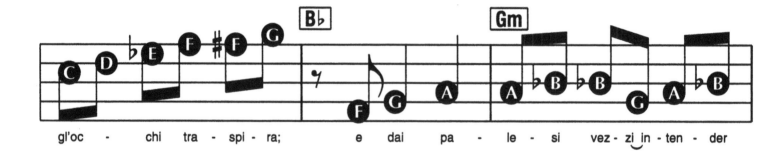

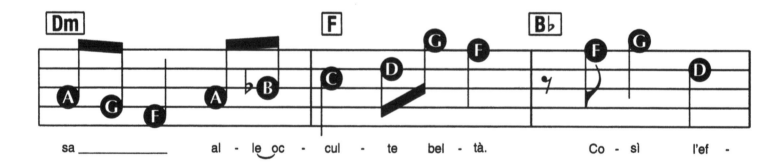

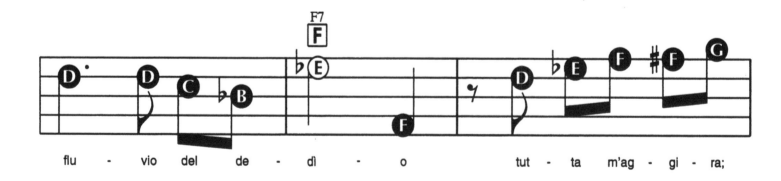

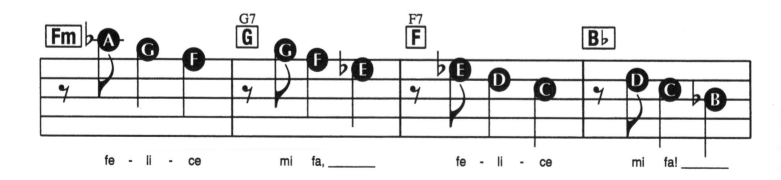

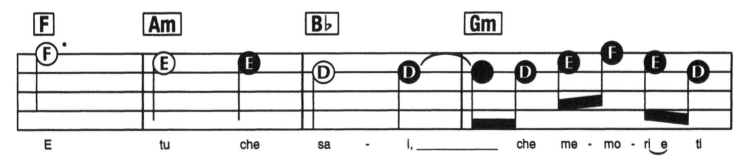

E tu che sa - i, _____ che me - mo - ri_e ti

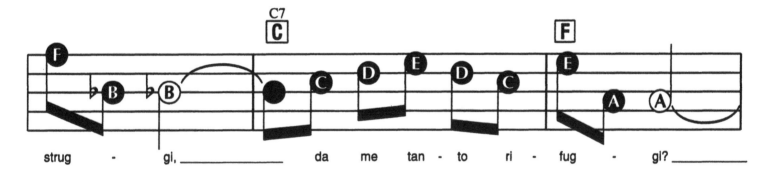

strug - gi, _____ da me tan - to ri - fug - gi? _____

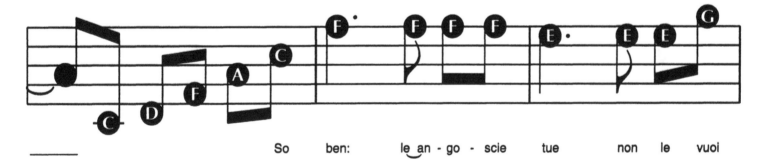

_____ So ben: le_an - go - scie tue non le vuoi

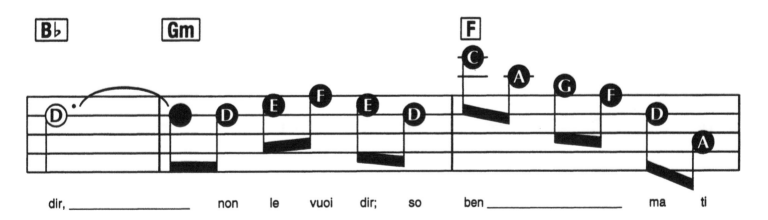

dir, _____ non le vuoi dir; so ben _____ ma ti

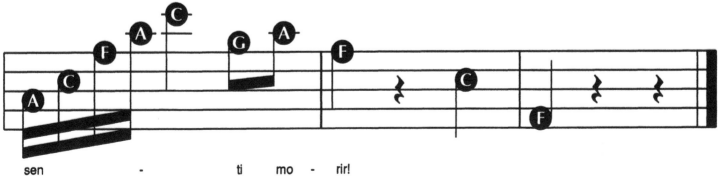

sen - ti mo - rir!

'O sole mio

Registration 3
Rhythm: Rhumba or Latin

Words by Giovanni Capurro
Music by Eduardo di Capua

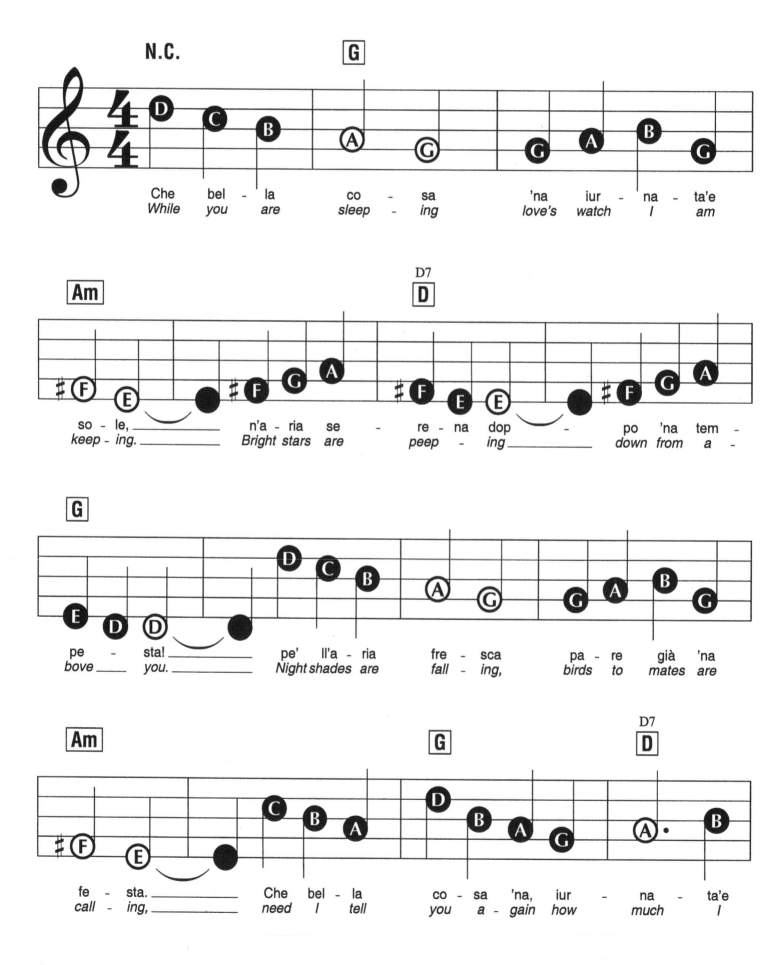

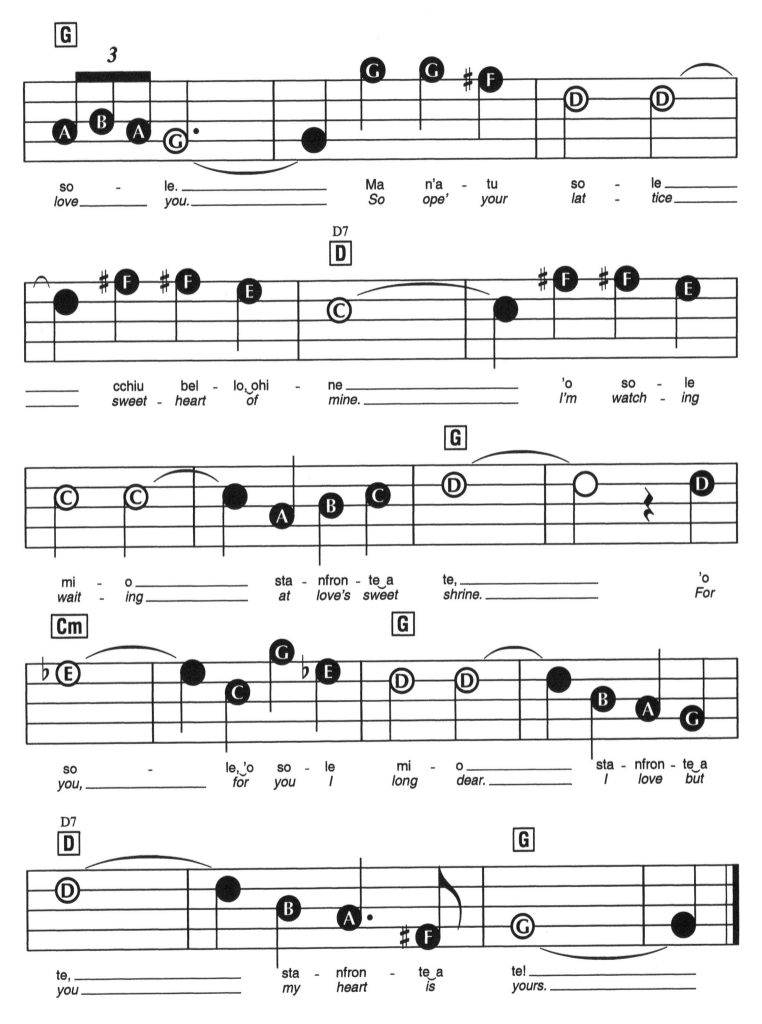

Oh Marie

Registration 9
Rhythm: Waltz

Words and Music by
Eduardo di Capua

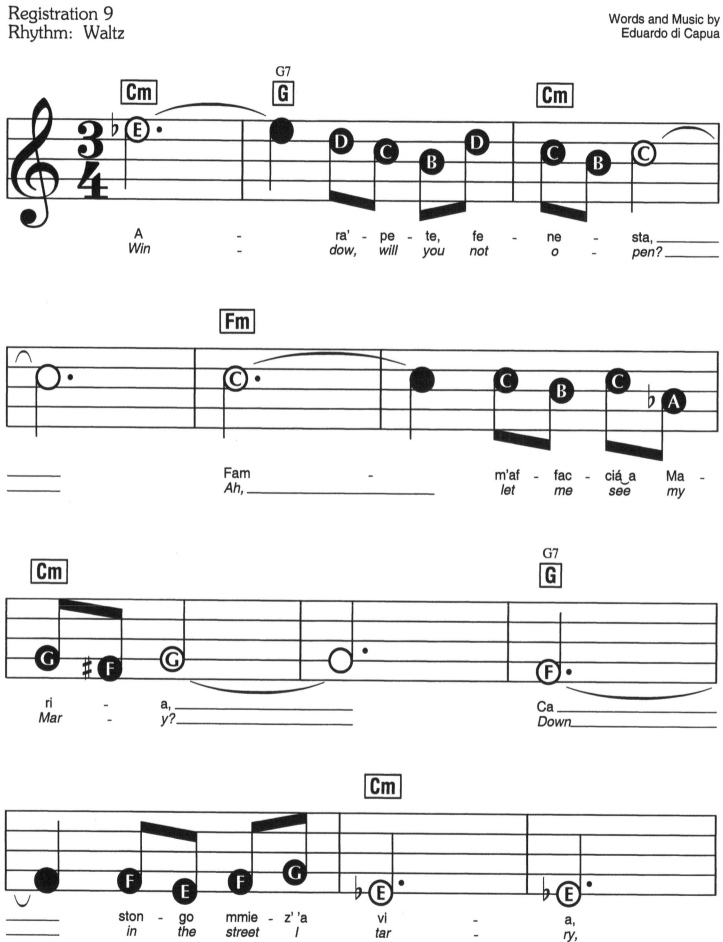

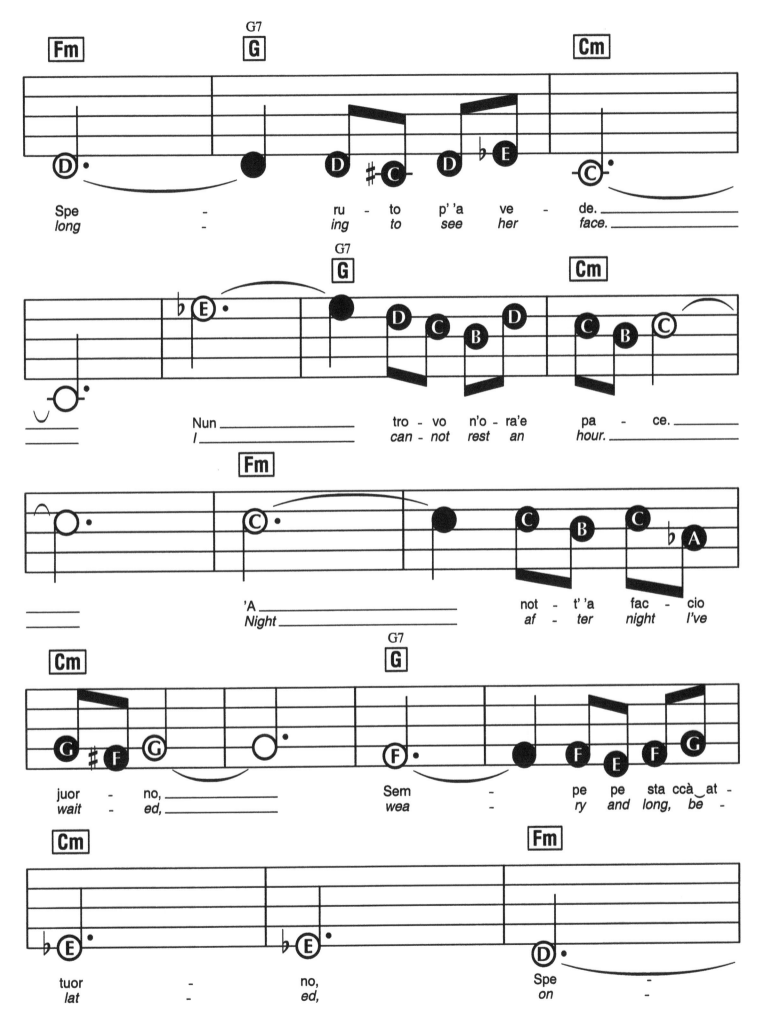

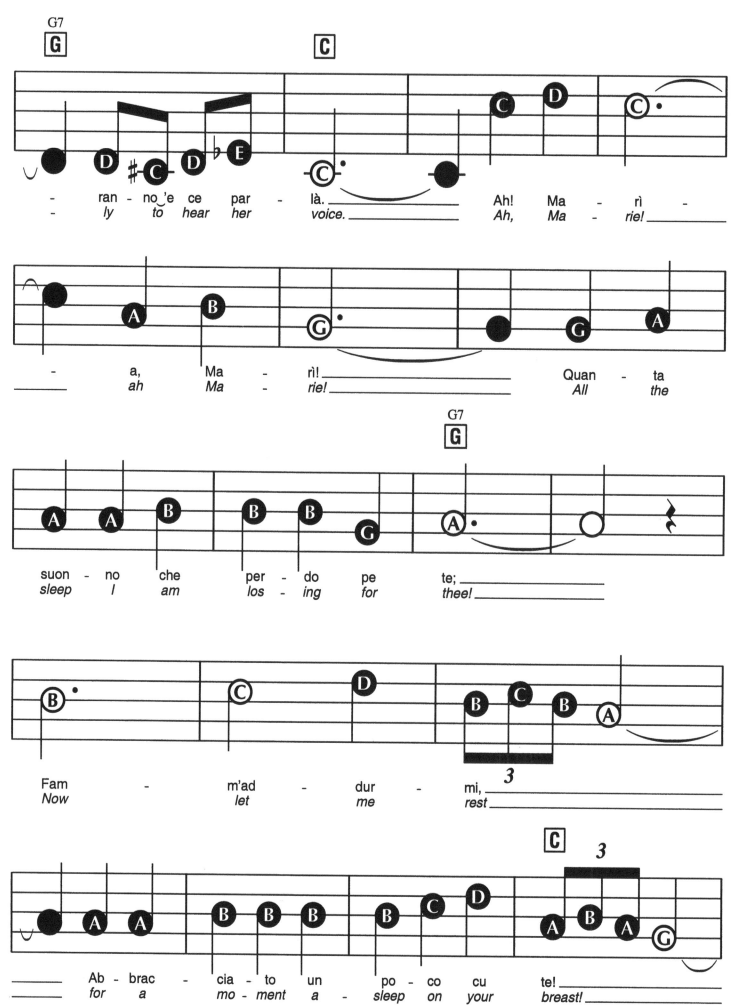

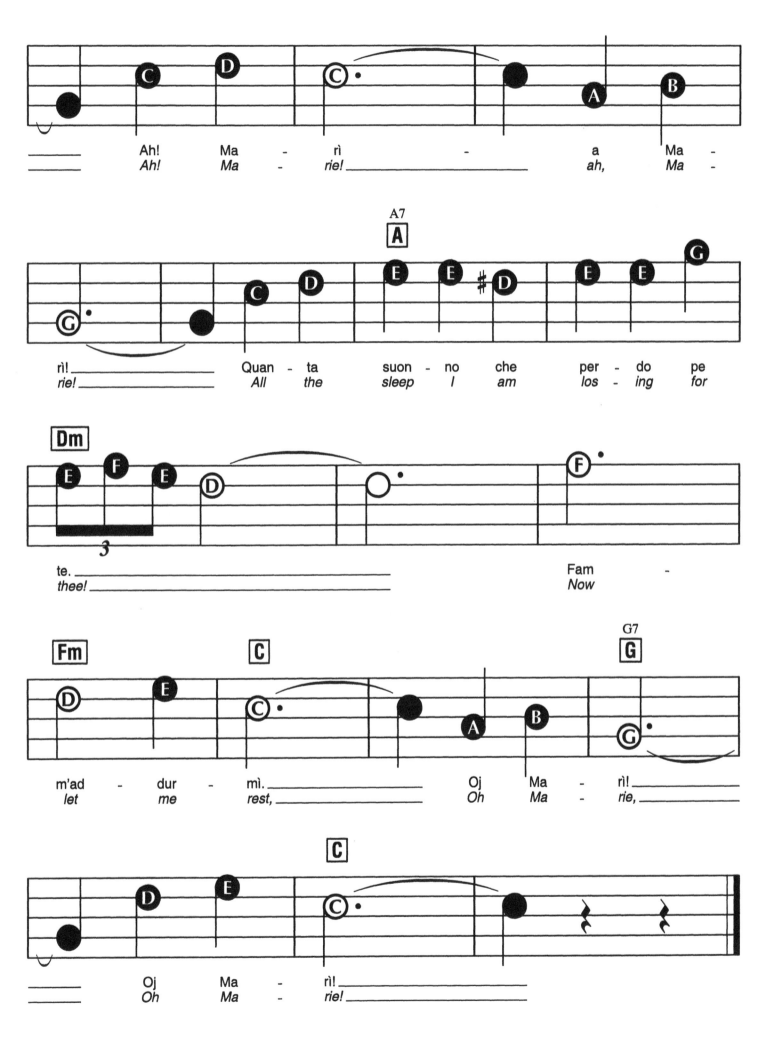

Santa Lucia

Registration 3
Rhythm: Waltz

By Teodoro Cottrau

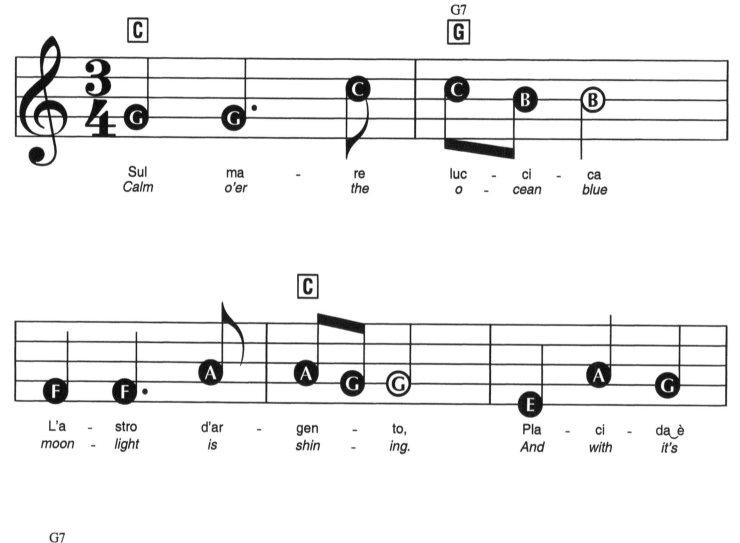

Sul ma - re luc - ci - ca
Calm o'er the o - cean blue

L'a - stro d'ar - gen - to, Pla - ci - da è
moon - light is shin - ing. And with it's

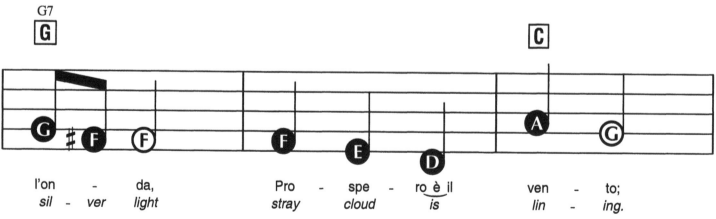

l'on - da, Pro - spe - ro è il ven - to;
sil - ver light stray cloud is lin - ing.

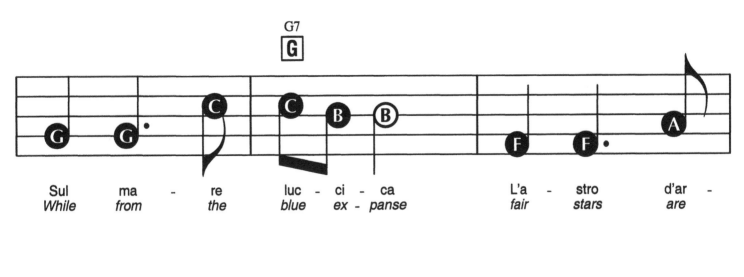

Sul ma - - re luc - ci - ca L'a - stro d'ar -
While from the blue ex - panse fair stars are

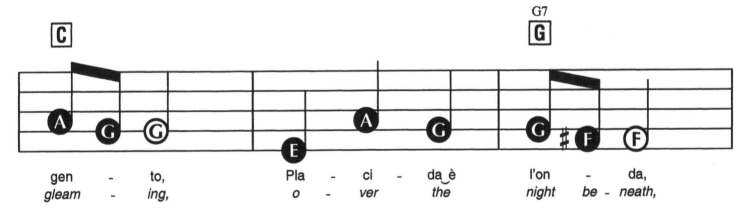

gen - to, Pla - ci - da è l'on - da,
gleam - ing, o - ver the night be - neath,

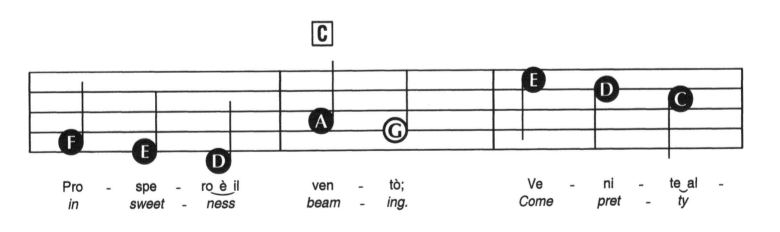

Pro - spe - ro è il ven - tò; Ve - ni - te al -
in sweet - ness beam - ing. Come pret - ty

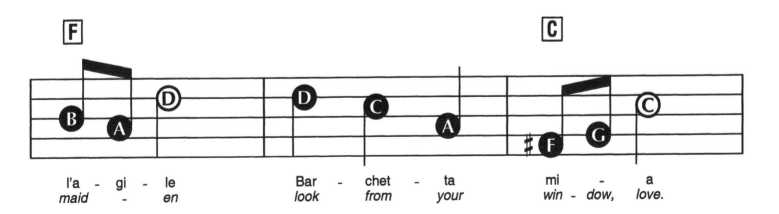

l'a - gi - le Bar - chet - ta mi - a
maid - en look from your win - dow, love.

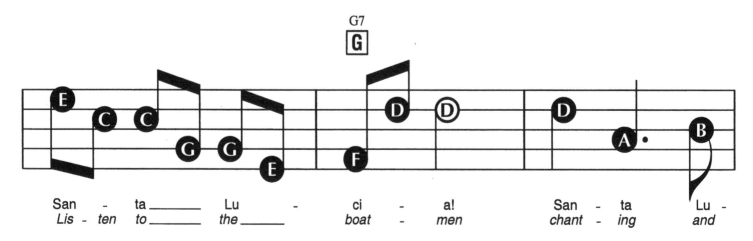

San - ta _____ Lu - ci - a! San - ta Lu -
Lis - ten to _____ the _____ boat - men chant - ing and

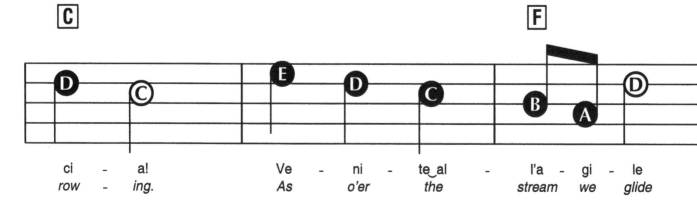

ci - a! Ve - ni - te_al - l'a - gi - le
row - ing. As o'er the stream we glide

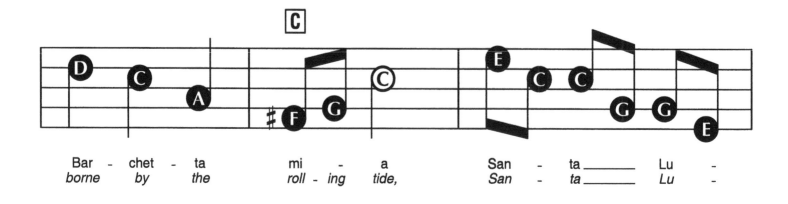

Bar - chet - ta mi - a San - ta _____ Lu -
borne by the roll - ing tide, San - ta _____ Lu -

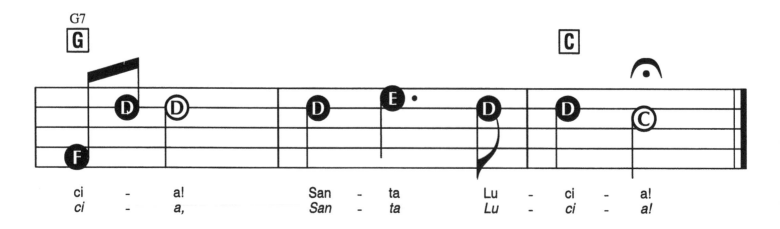

ci - a! San - ta Lu - ci - a!
ci - a, San - ta Lu - ci - a!

Tesoro mio

Registration 4
Rhythm: Waltz

By Ernesto Becucci

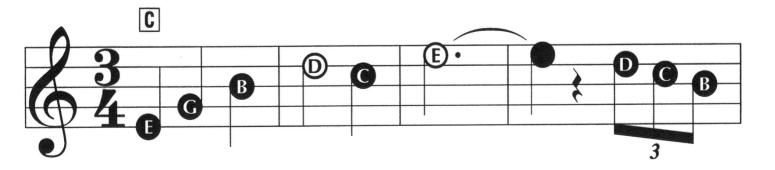

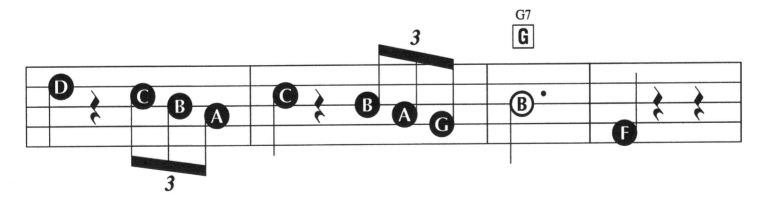

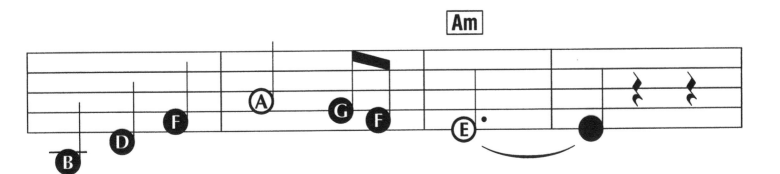

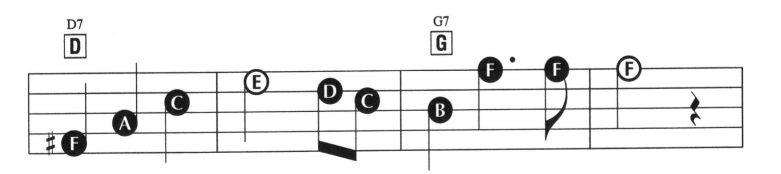

70

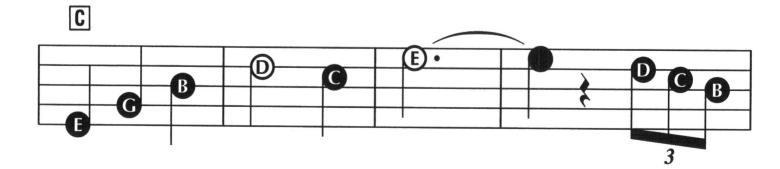

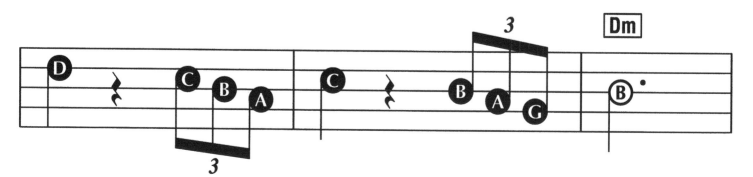

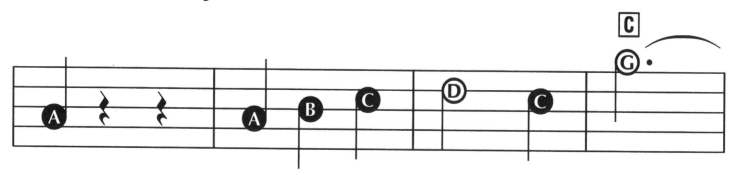

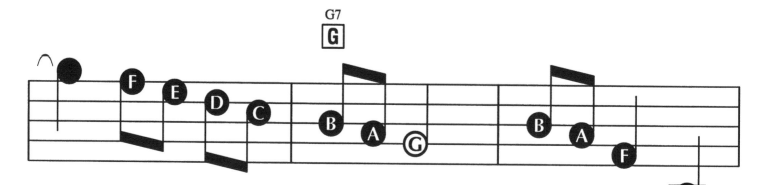

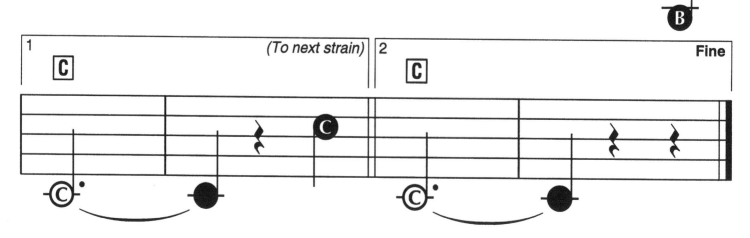

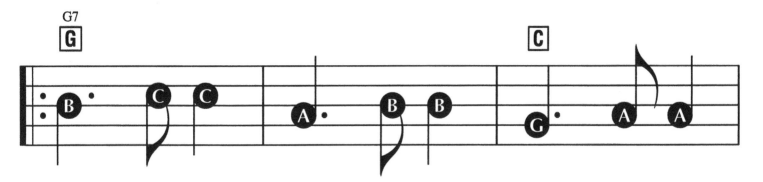

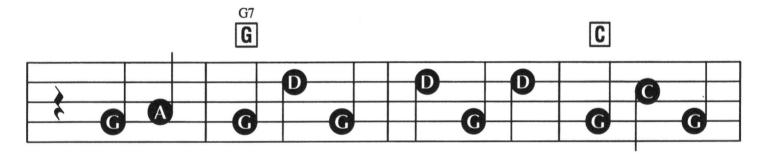

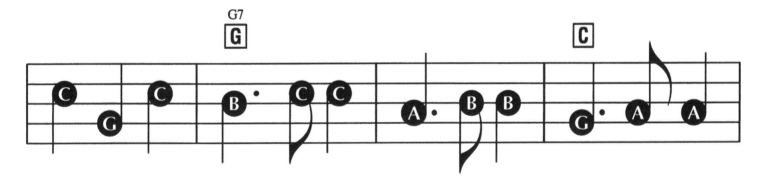

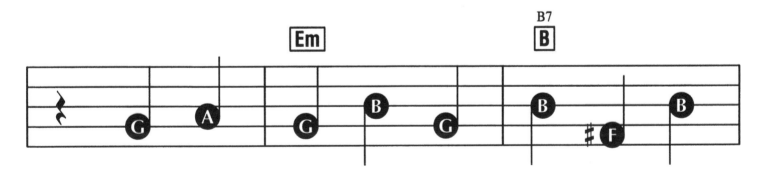

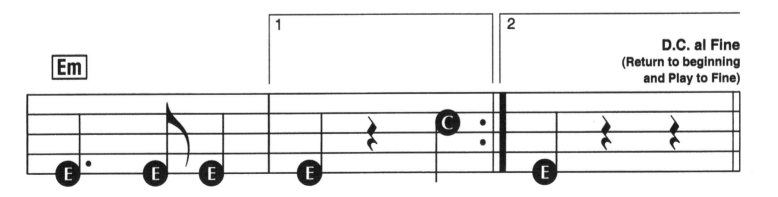

Serenata

Registration 6
Rhythm: Waltz

By Enrico Toselli

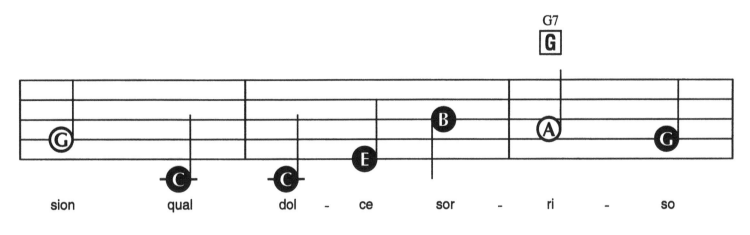

sion   qual   dol - ce   sor - ri - so

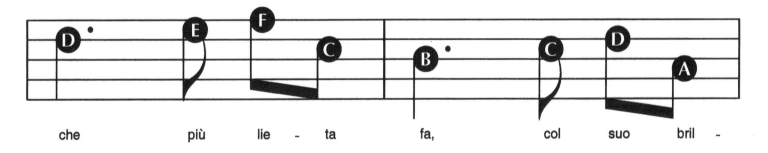

che   più   lie - ta   fa,   col   suo   bril -

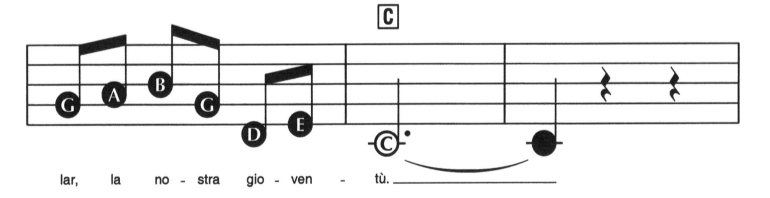

lar,   la   no - stra   gio - ven - tù. _____

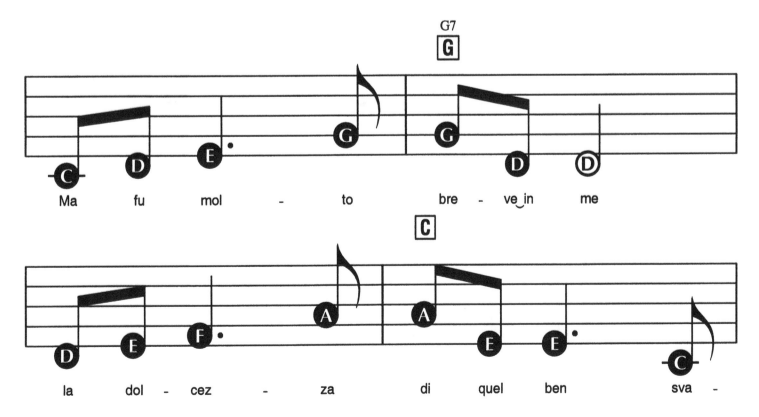

Ma   fu   mol - to   bre - ve in   me

la   dol - cez - za   di   quel   ben   sva -

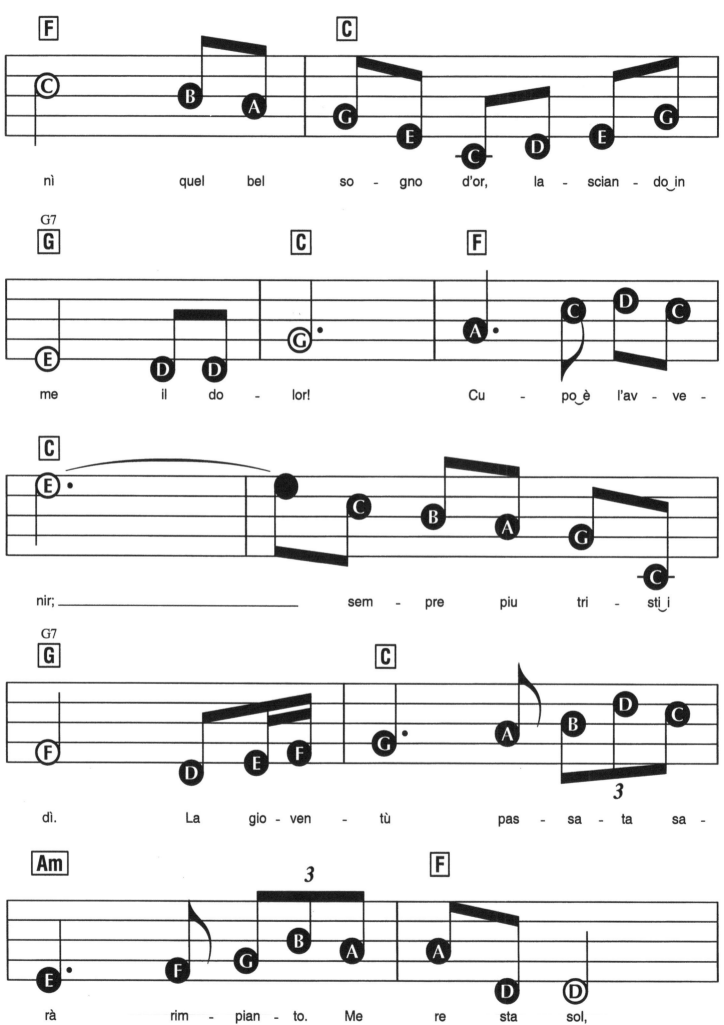

nì   quel bel   so - gno   d'or,   la - scian - do͜in

me   il do - lor!   Cu - po͜è l'av - ve -

nir; _____   sem - pre piu tri - sti͜i

dì.   La gio - ven - tù   pas - sa - ta sa -

rà   rim - pian - to.   Me   re sta sol,

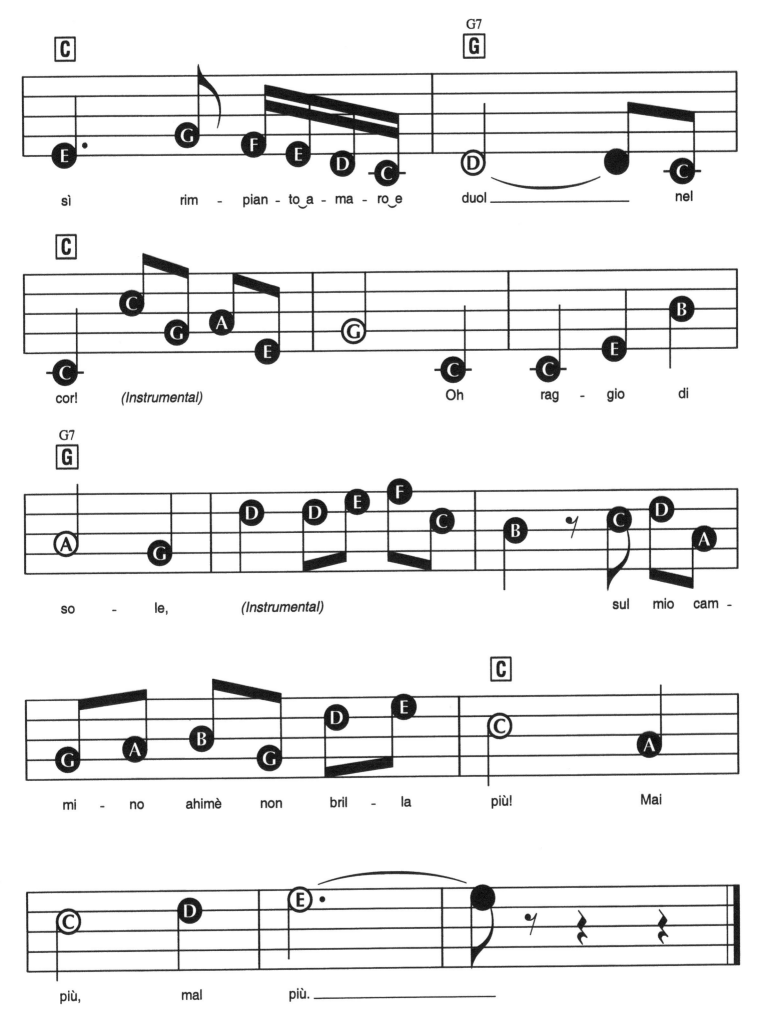

Tarantella

Registration 6
Rhythm: ⁶⁄₈ March

Traditional

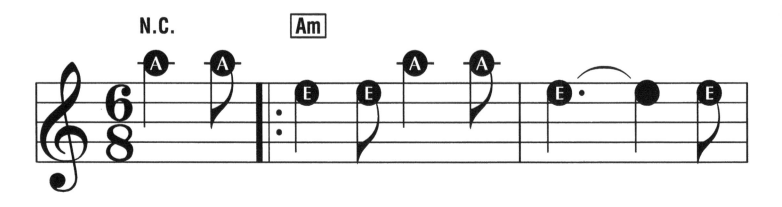

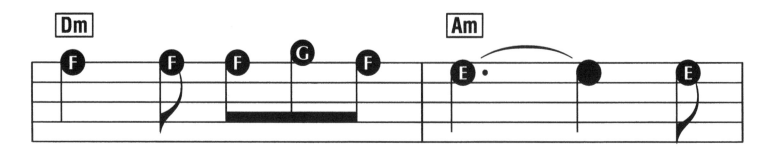

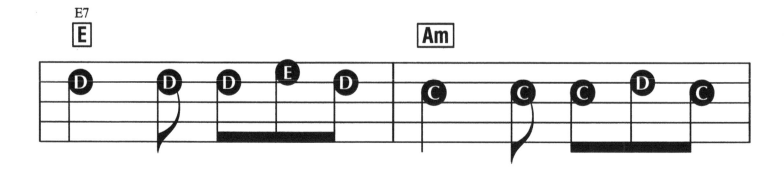

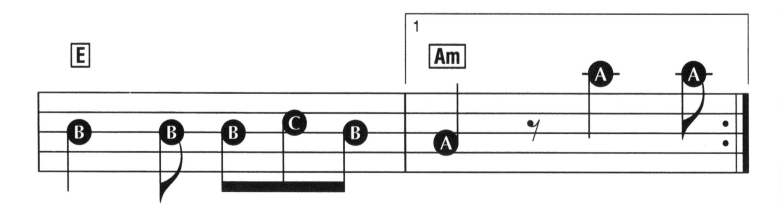

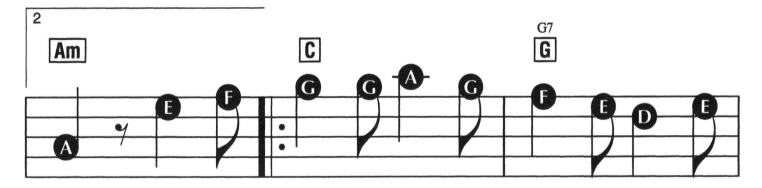
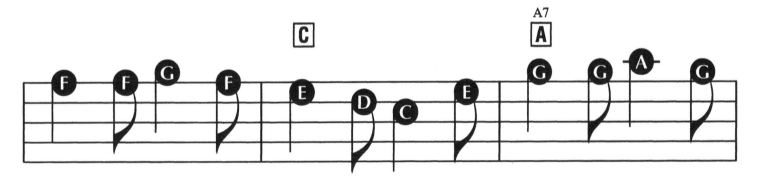
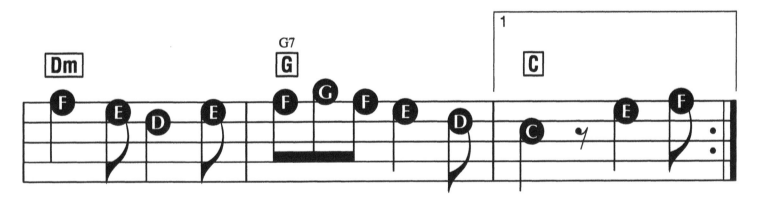
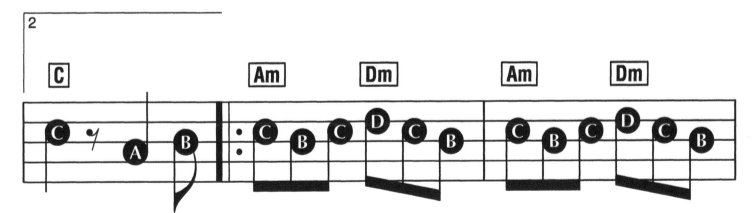
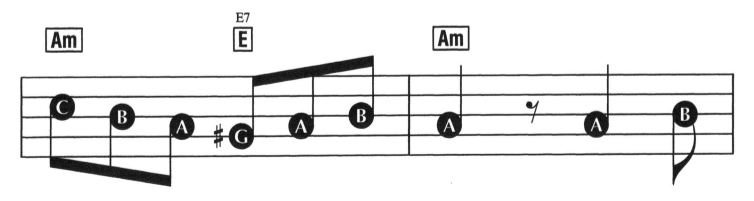

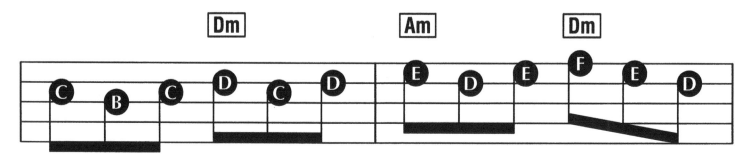

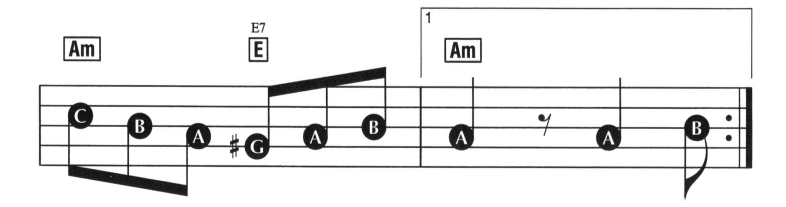

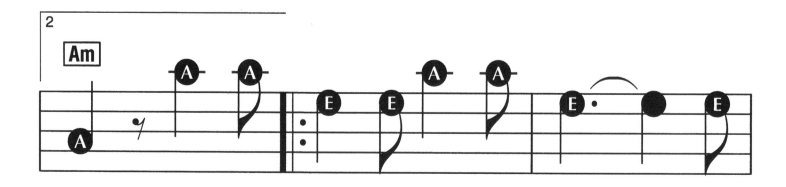

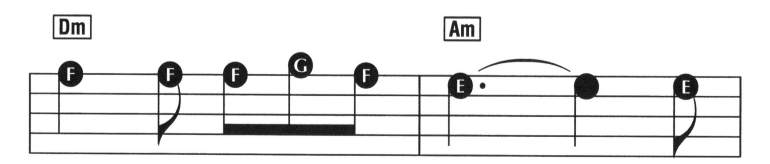

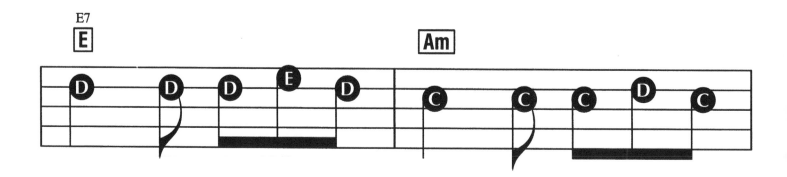

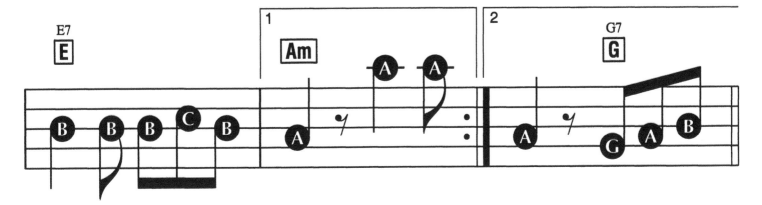

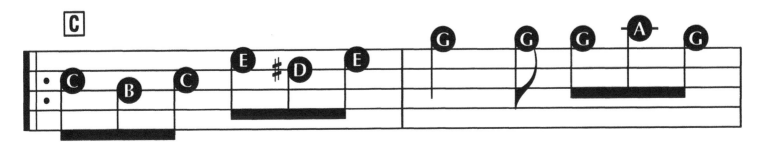

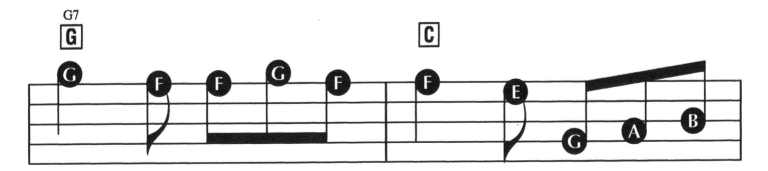

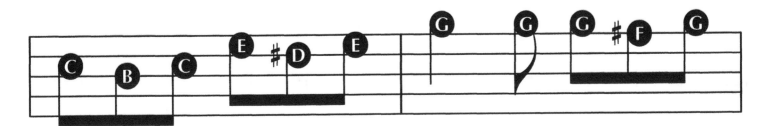

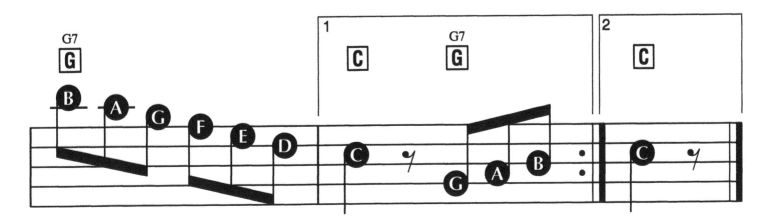

Una furtiva lagrima

from L'ELISIR D'AMORE (THE ELIXIR OF LOVE)

Registration 1
Rhythm: Waltz or None

By Gaetano Donizetti

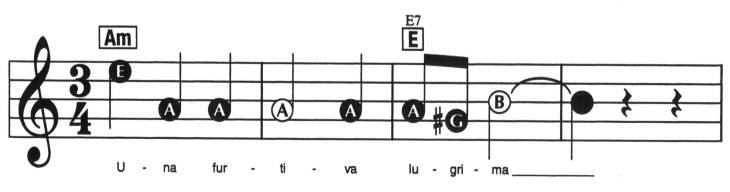

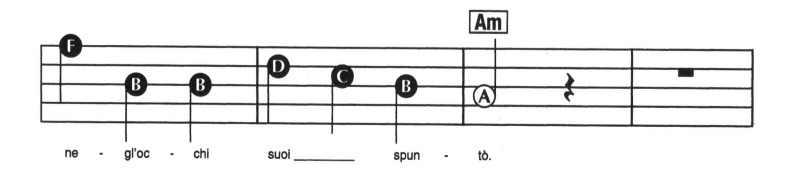

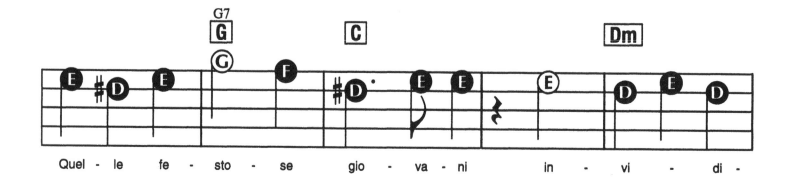

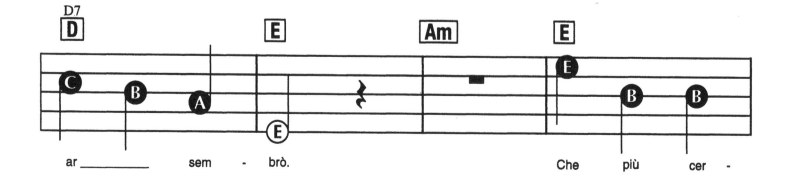

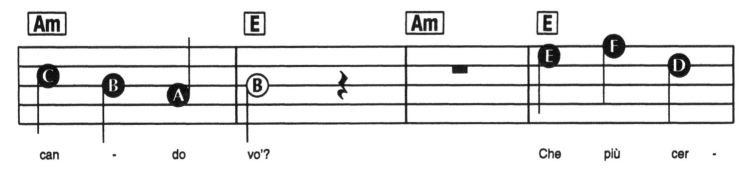

can - do vo'? Che più cer -

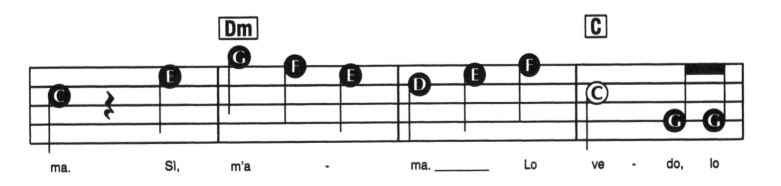

can - do io vo'? _____ M'a -

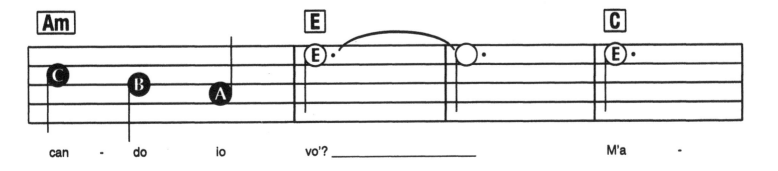

ma. Sì, m'a - ma. _____ Lo ve - do, lo

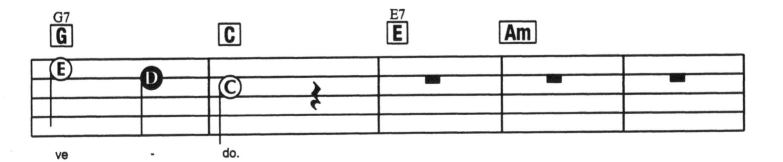

ve - do.

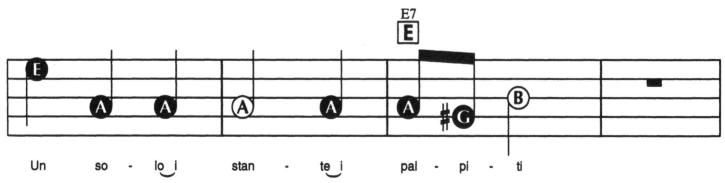

Un so - lo i stan - te i pal - pi - ti

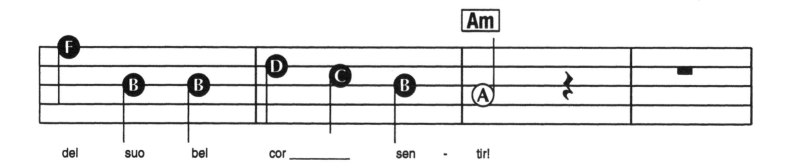

del suo bel cor_____ sen - tir!

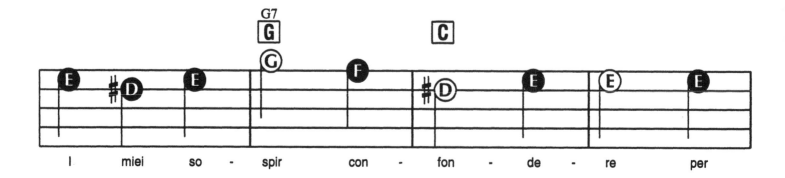

I miei so - spir con - fon - de - re per

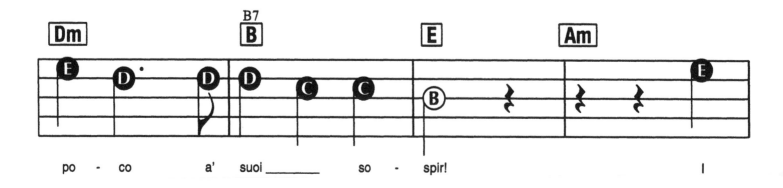

po - co a' suoi_____ so - spir! I

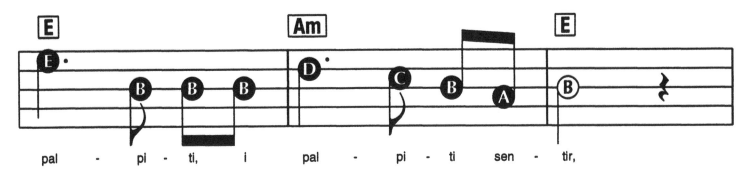

pal - pi - ti, i pal - pi - ti sen - tir,

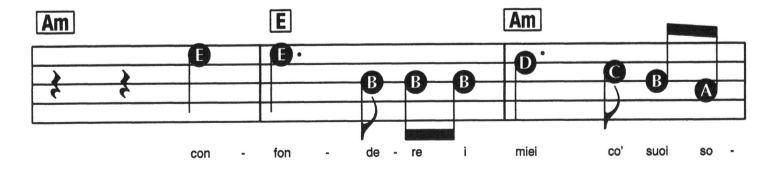

con - fon - de - re i miei co' suoi so -

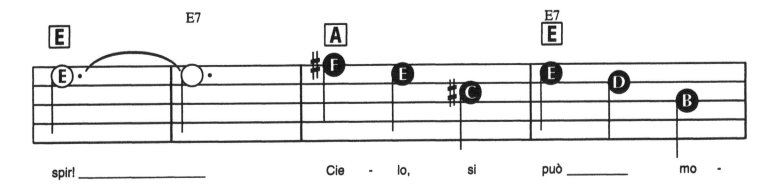

spir! _____ Cie - lo, si può _____ mo -

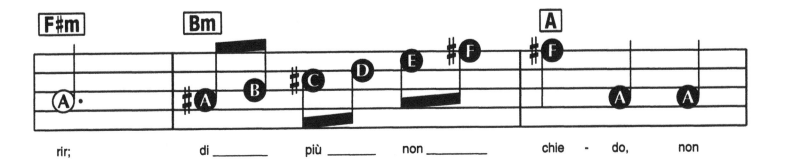

rir; di _____ più _____ non _____ chie - do, non

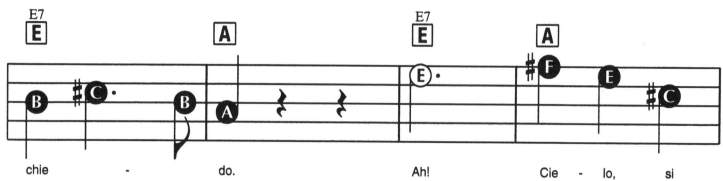

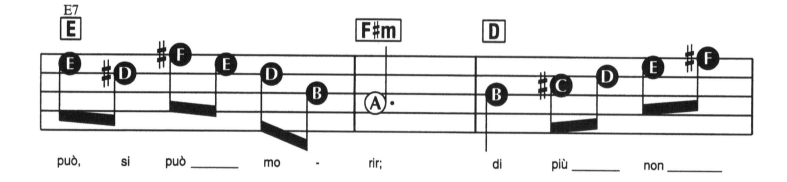

chie - do. Ah! Cie - lo, si

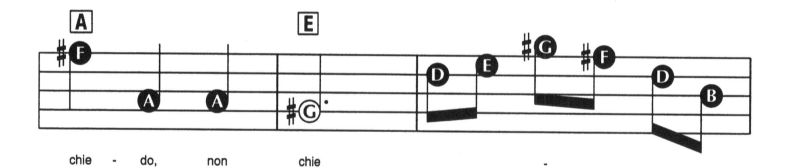

può, si può _____ mo - rir; di più _____ non _____

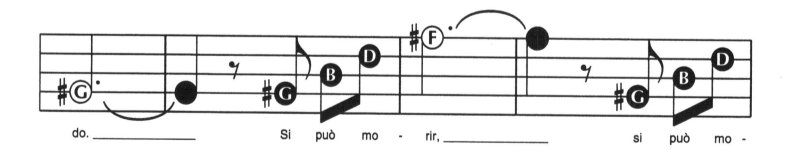

chie - do, non chie

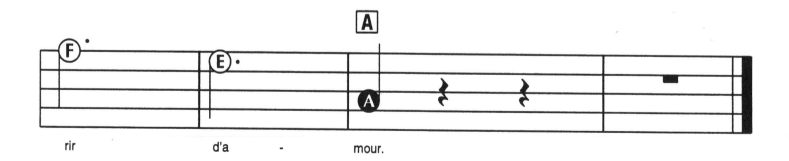

do. _____ Si può mo - rir, _____ si può mo -

rir d'a - mour.

Vieni sul mar

Registration 6
Rhythm: Waltz

Italian Folk Song

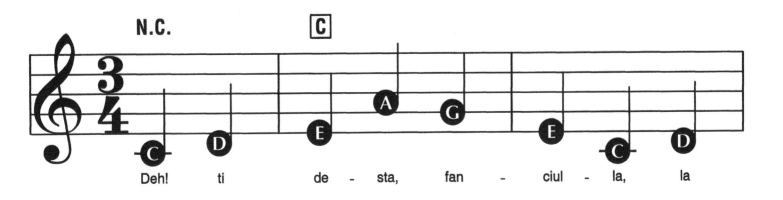

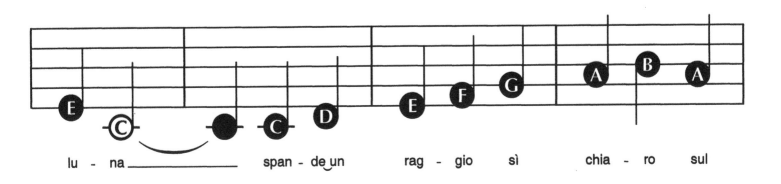

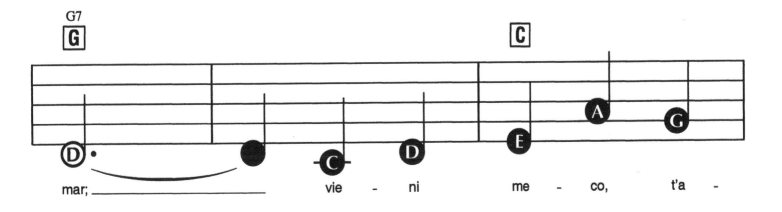

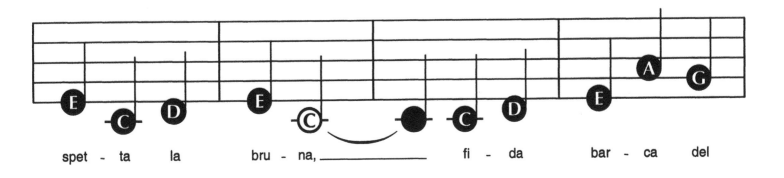

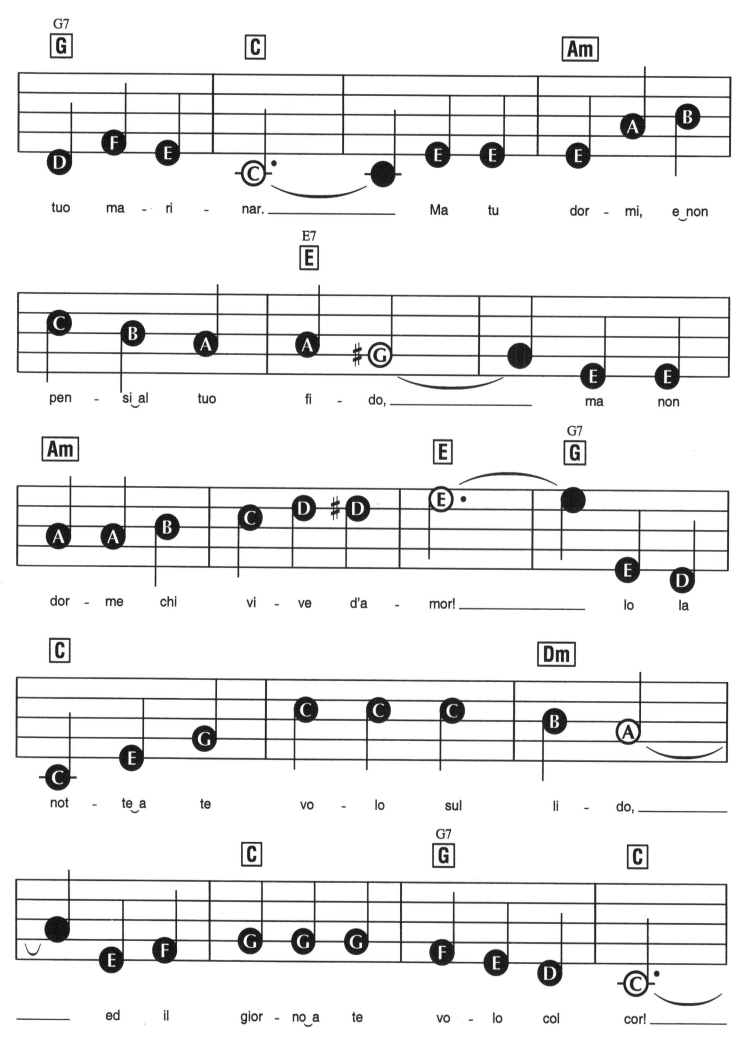

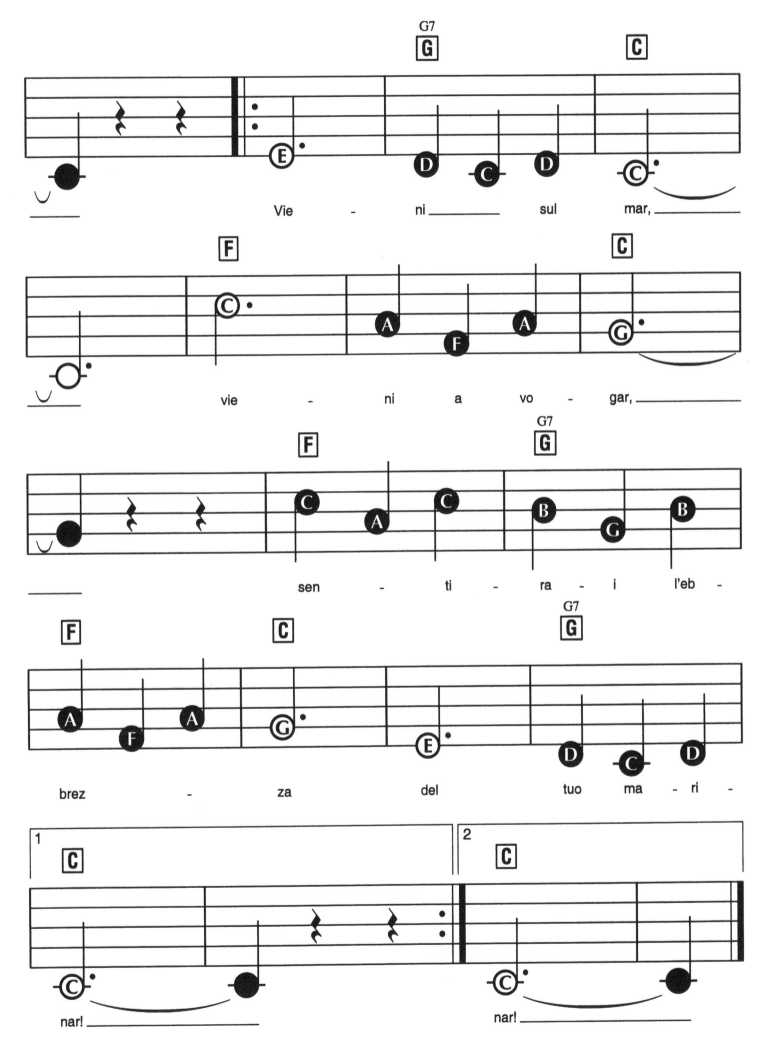

Registration Guide

- Match the Registration number on the song to the corresponding numbered category below. Select and activate an instrumental sound available on your instrument.

- Choose an automatic rhythm appropriate to the mood and style of the song. (Consult your Owner's Guide for proper operation of automatic rhythm features.)

- Adjust the tempo and volume controls to comfortable settings.

Registration

1	Mellow	Flutes, Clarinet, Oboe, Flugel Horn, Trombone, French Horn, Organ Flutes
2	Ensemble	Brass Section, Sax Section, Wind Ensemble, Full Organ, Theater Organ
3	Strings	Violin, Viola, Cello, Fiddle, String Ensemble, Pizzicato, Organ Strings
4	Guitars	Acoustic/Electric Guitars, Banjo, Mandolin, Dulcimer, Ukulele, Hawaiian Guitar
5	Mallets	Vibraphone, Marimba, Xylophone, Steel Drums, Bells, Celesta, Chimes
6	Liturgical	Pipe Organ, Hand Bells, Vocal Ensemble, Choir, Organ Flutes
7	Bright	Saxophones, Trumpet, Mute Trumpet, Synth Leads, Jazz/Gospel Organs
8	Piano	Piano, Electric Piano, Honky Tonk Piano, Harpsichord, Clavi
9	Novelty	Melodic Percussion, Wah Trumpet, Synth, Whistle, Kazoo, Perc. Organ
10	Bellows	Accordion, French Accordion, Mussette, Harmonica, Pump Organ, Bagpipes